D1640230

SH - V̄ - 100

„…darauf man mit Andacht gehen kann"

Historische Friedhöfe in Schleswig-Holstein

Von Heiko K. L. Schulze

Verlag Boyens & Co.

KLEINE SCHLESWIG-HOLSTEIN-BÜCHER · BAND 49

Herausgegeben von den
Provinzial-Versicherungen, Kiel

Wissenschaftlicher Betreuer: Prof. Dr. Dieter Lohmeier

Geographisches Institut
der Universität Kiel
ausgesonderte Dublette

Geogra... Institut
der U. ...Kiel
ausgesond...te Dublette

Inv.-Nr. 99/A37947

ISBN 3-8042-0834-7

© Westholsteinische Verlagsanstalt Boyens GmbH & Co. KG, Heide, 1999
Alle Rechte, auch die des auszugsweisen oder fotomechanischen Nachdrucks,
vorbehalten
Herstellung: Westholsteinische Verlagsdruckerei Boyens GmbH & Co. KG, Heide
Printed in Germany

Geographisches Institut
der Universität Kiel

INHALT

Abb. 1   Südertor von 1760 auf dem Kirchhof in Süderlügum im Jahr 1912.

Einleitung

„Terminus vitae sed non amoris" – „Das Ende des Lebens, aber nicht der Liebe" steht auf einem Grabstein im Eingangsbereich des Lübecker Burgtorfriedhofs. Diese Hoffnung der Menschen, daß mit dem Tod nicht alles zu Ende sein kann, prägt seit Jahrhunderten ihr Verhältnis zu Tod und Trauer, aber auch zu Bestattung, Grab und Friedhof. In der Gestaltung der Begräbnisplätze und ihrer meist steinernen Monumente wird ein ganz individuelles Verhältnis zu verstorbenen Angehörigen ausgedrückt, aber auch ein Verständnis von Tod und Abschied. Friedhöfe sind Zeugnisse von Kultur und Geschichte eines Gemeinwesens, und die Grabmale in ihrer künstlerischen Gestaltung spiegeln persönliche Schicksale und soziale Verhältnisse ebenso wider wie die Wertschätzung, die die Zurückgebliebenen den Verstorbenen zukommen lassen. Sie sind Zeugnisse menschlicher Existenz in allen ihren Dimensionen.

Neben dieser Bestimmung, ein Ort der Stille und Andacht zu sein, sind Friedhöfe aber auch in der Art ihrer Anlage und Gestaltung, der Verwendung bestimmter Grabmale oder Bäume und Pflanzen zeittypischen Strömungen und Moden unterworfen. Karge Gottesäcker des Mittelalters wandeln sich im Laufe der Jahrhunderte zu perfekt organisierten Begräbnisstätten und schließlich im ausgehenden 19. Jahrhundert zu parkähnlich angelegten Gärten, in denen die Trauernden mit der Schönheit der Natur versöhnt werden sollen. Schlichte Holzkreuze, die lediglich den Ort der Bestattung zu markieren hatten, wandelten sich zu monumentalen Grabmalen oft hoher künstlerischer Qualität. Einfacher Blumenschmuck, als letzten Gruß auf dem Grab niedergelegt, führt zu aufwendigen Bepflanzungen und gärtnerischen Gestaltungen. Friedhöfe sind Gesamtkunstwerke geworden, deren Faszination immer mehr Menschen reizt, sie aufzusuchen und dort zu verweilen. Gleichzeitig bleibt den Friedhöfen etwas Unheimliches und Fremdes, begegnen wir ihnen mit Scheu und Distanz. Es sind Stätten, die an Vergänglichkeit erinnern, an die kurze Zeitspanne auf dieser Erde, die bleibt.

Wer sich mit Friedhöfen befaßt, begegnet dabei schnell auch anderen Bereichen: dem Ende des Lebens, Sterben zu Hause, in Krankenhäusern, Altersheimen, in früheren Zeiten in Siechen- und Armenhäusern, damit verbunden den Fragen nach Vorsorge und Sterbekassen, nach dem Umgang mit Verstorbenen und Problemen der Hygiene. Die Umstände des Todes spielen eine Rolle, ob plötzlicher Tod oder langes Leiden, Seuchen oder Unglücke. Die Behandlung und Aufbahrung der Toten, ihre Einkleidung, die Art und Form des Sarges, des Sargschmuckes, die Bestattung mit ihren Vorschriften und Bräuchen, die Trauerzeremonien mit ihren Leichenpredigten und Grabreden und schließlich die Art der Gräber selbst, von der einfachen

Erdgrube bis zu aufwendig gestalteten Mausoleen – dies alles ist im Laufe der Jahrhunderte mannigfaltigen Wandlungen unterworfen und unterscheidet sich nicht nur in den einzelnen Religionsgemeinschaften, sondern durchaus auch in landschaftlichem Brauchtum. Dies alles hier in einem kurzen Überblick über die historischen Friedhöfe darstellen zu wollen, ist nicht möglich. Für viele Bereiche gibt es inzwischen reiche, vor allem neuere Literatur und übergreifende wissenschaftliche Untersuchungen, auf die verwiesen werden muß. Zahlreiche lokale Darstellungen einzelner Friedhöfe, vor allem in Jahrbüchern, Chroniken, kleineren Heimatschriften und Kirchenführern, ergänzen bisweilen die allgemeine Literatur.

Die Geschichte der Kirchhöfe und Friedhöfe in Schleswig-Holstein unterscheidet sich in ihren großen Zügen nicht von der anderer Landschaften, wobei natürlich regionale Besonderheiten, etwa auf den Inselfriedhöfen, vorkommen. Dabei wird deutlich, wie sehr das christlich geprägte Mittelalter und die Auswirkungen der Reformation die Gestaltung der Friedhöfe bis heute beeinflußt haben. Einige Friedhöfe werden exemplarisch für zahlreiche andere vorgestellt, eine Auswahl sowohl dörflicher als auch städtischer Anlagen. Dabei reicht die Spanne von den ältesten Kirchhöfen um die mittelalterlichen Gotteshäuser, wie dem Geschlechterfriedhof des 12. Jahrhunderts in Lunden, bis zu den Parkfriedhöfen des späten 19. Jahrhunderts, etwa dem Kieler Südfriedhof oder dem Eichhof-Friedhof in Kronshagen. Jüdische Friedhöfe finden ebenso Berücksichtigung wie Friedhöfe der Mennoniten, Remonstranten und der reformierten Gemeinden oder der kleine Herrnhuter Gottesacker in Hanerau. Besonderheiten sind Friedhöfe für bestimmte Personengruppen, meist Angehörige des Militärs. Aufgenommen wurden so die Garnisonfriedhöfe in Rendsburg, Schleswig und Kiel. Unberücksichtigt blieben hingegen die Soldatenfriedhöfe für Gefallene der deutsch-dänisch-österreichischen Kriege, des Ersten und Zweiten Weltkriegs. Die Auswahl der vorgestellten Friedhöfe ist sicherlich subjektiv und nicht immer von streng wissenschaftlichen Kriterien geleitet. Dies liegt in der Faszination, die diese Stätten ausüben, wenn man sich einmal intensiv mit Sepulkralkultur auseinandergesetzt hat.

Die Beschäftigung mit historischen Friedhöfen in Schleswig-Holstein zeigt, daß es in diesem Land eine Anzahl hervorragender Kirch- und Friedhöfe gibt, die vielleicht nicht mit großstädtischen Anlagen konkurrieren können, aber einen Reiz und Charme entwickeln, die es lohnend machen, sie zu besuchen. Als Orte der Stille sind sie Stätten des Nachdenkens, des Erinnerns und des Verweilens.

Zur Geschichte der Friedhöfe

Die Geschichte der Friedhöfe ist eng verbunden mit den Wandlungen im Verständnis von Tod und Sterben im Laufe der Jahrhunderte. Ein Friedhof ist so immer auch ein Spiegel des Umganges einer Gesellschaft mit den Verstorbenen und mit dem Tod. Er ist Ausdruck bestimmter Religiosität, aber auch von deren Verdrängung. Das Grabmal zeigt das Verhältnis der Lebenden zu den Toten, ist oft einzige Gelegenheit für Menschen, sich der Nachwelt mitzuteilen. Und so verwundert es nicht, wenn wir heute Kenntnisse über ganze Völker und Epochen nur durch ihre Bestattungstradition gewonnen haben.

Der Tod wurde in allen früheren Epochen als integraler Bestandteil des Lebens begriffen. In einer mittelalterlichen Gesellschaft, in der sich ein Individuum kaum vor Unglücken schützen konnte, war er allgegenwärtig und unausweichlich. Das Sterben selbst – oft ritualisiert – war der kurze Moment zwischen dem fast immer beschwerlichen irdischen Wandeln und einem erhofften ewigen Leben, der ewigen Verdammnis oder der Seligkeit. Die Friedhöfe, also jene Orte, an denen nach christlichem Verständnis die Verstorbenen die verheißene Auferstehung erwarten, bekamen damit eine zentrale Bedeutung. Die Grabstellen waren letzte Wohnungen, die Gräber selbst – zumindest in späterer Zeit – kleine Paradiesgärtlein, sie waren Erinnerungsstätten an geliebte Menschen.

Die Entwicklung der Friedhöfe wird in späterer Zeit geprägt vom veränderten protestantischen Verständnis von Tod und Auferstehung, von der aufklärerischen Gedankenwelt des ausgehenden 18. Jahrhunderts oder von medizinalhygienischen Vorschriften des 19. Jahrhunderts. Ihre Gestalt wandelt sich in den Epochen von rein zweckbestimmten und relativ ungestalteten Grabflächen zu gartenkünstlerisch angelegten Parks und Gärten, etwa in den Großstädten. Die Grabmale, einst einfache Holzkreuze mit Memorialcharakter, werden zu aufwendig gestalteten Kunstwerken, Zeugnissen vergangenen Lebens.

Die Geschichte der Friedhöfe kann in fünf Entwicklungsstufen aufgezeigt werden: zunächst die mittelalterlich geprägten Kirchhöfe, dann die protestantisch beeinflußten Anlagen der nachmittelalterlichen Zeit, die neuen Friedhöfe des späten 18. und frühen 19. Jahrhunderts, die landschaftsgärtnerisch gestalteten Anlagen und schließlich jene unseres Jahrhunderts.

Nah am Heiligtum – Die Gemeinschaft der Lebenden und der Toten

Prachtvolle Baumkränze um malerisch gelegene Dorfkirchen wie beispielsweise in Quern oder in Burg und Petersdorf auf Fehmarn prägen noch heute

vor allem den ländlichen Raum unseres Landes. Es sind die alten Kirchhöfe, die umgrenzten, befriedeten Höfe (die Fried-Höfe), rund um das meist noch mittelalterliche Gotteshaus. Manchmal künden nur noch vereinzelte Eisenkreuze oder Gedenksteine von der ursprünglichen Funktion der längst aufgelassenen Friedhöfe. Auf die mittelalterliche und vorreformatorische Tradition muß etwas genauer eingegangen werden, denn die frühen Bräuche und Riten, die Vorstellungen von Tod und Auferstehung und damit die Gestaltung der Friedhöfe jener Zeit haben die spätere Entwicklung entscheidend und bis heute beeinflußt.

Sterben und Tod im Mittelalter

Sterben, Tod, Bestattung und Trauer sind in ihren Ritualen, ihrem Brauchtum und ihren Entwicklungen untrennbar miteinander verbunden, ihre Grenzen aber in den Jahrhunderten fließend. Sterbe- und Beerdigungsbräuche und die Art der Bestattung selbst beeinflußten mithin – vor allem im Mittelalter – die Funktion und die Gestaltung von Friedhöfen. Sterben und Tod gehörten zum alltäglichen Leben. Die traditionell engen familiären Bindungen und das dichte Miteinanderleben vermittelten den Menschen von Kindesbeinen an, daß der „Gevatter" Tod ein Teil des Lebens war. Viele, im Kern noch mittelalterliche Bräuche sind heute noch lebendig, wobei ihre Bedeutung oft nicht mehr verstanden wird oder sich grundlegend gewandelt hat, wie etwa die Leichenwaschung.

Die durchschnittliche Lebenserwartung lag bis weit ins 19. Jahrhundert hinein bei höchstens 35 Jahren, wobei im Mittelalter dieser Höchststand auch nur im 13. Jahrhundert – vor den verheerenden Seuchen des 14. Jahrhunderts – erreicht wurde. Wer die Schwelle der hohen Kindersterblichkeit der ersten Lebensjahre überstanden hatte, konnte hoffen, etwa 40 bis 50 Jahre alt zu werden. Damit war Sterben und Tod in den Familien allgegenwärtig und keine Angelegenheit fernen Greisentums. Jedes Kind erlebte in der Regel den Tod der Großeltern, der Eltern und der Geschwister hautnah mit. Dementsprechend war auch der Friedhof kein entlegener Bezirk außerhalb der Orte, sondern rund um die Gemeindekirche mitten zwischen den Häusern angelegt. So waren Sterbende eingebunden in eine Gemeinschaft, der der Tod nicht fremd war. Die Verstorbenen galten als Teil des Gottesvolkes; die Christenheit begriff sich als eine Gemeinschaft der Lebenden und Toten. Für den christlichen Menschen war es zudem wichtig,

Abb. 2   Die Kirchhöfe gehören zu den ältesten Begräbnisplätzen, belegt bereits seit Errichtung der Kirchen im 12. Jahrhundert – hier der malerisch an der Schlei gelegene Kirchhof in Sieseby.

11

sich auf den eigenen Tod vorbereiten zu können, um nicht unvorbereitet vor seinen Schöpfer treten zu müssen. Die im ganzen Mittelalter nachweisbare Furcht vor einem jähen, unvorbereiteten Tod spiegelt dies wider.

Aus zahlreichen Darstellungen mittelalterlicher Kunst wissen wir, daß das Sterben zudem keine Angelegenheit privater Natur war, sondern einen gewissen öffentlichen Charakter besaß, ein Prozeß, an dem die Familie, die Dorf- oder Lebensgemeinschaft teilnahmen. Nicht ausgeblendet in Sterbezimmern oder isoliert in Krankenhäusern, Pflegeheimen oder Seniorenresidenzen am Stadtrand wie heute, sondern dort, wo gelebt wurde, wurde auch gestorben. Beichte, Krankensalbung und Kommunion gehörten ebenso zu den Ritualen des würdevollen Abschiednehmens wie Waschungen und das Schließen der Augen und des Mundes durch die Angehörigen. Geschieht es heute aus Gründen der Pietät, um von dem Verstorbenen einen friedlichen,

Abb. 3   Die Seele der Verstorbenen flieht aus dem Körper, hin zu Gott. Darstellung auf einem Grabmal auf dem Kirchhof in Wewelsfleth. Er ist mit seinem geschweiften und fruchtzapfenbekrönten Kopfteil charakteristisch für Grabmale des frühen 18. Jahrhunderts.

12

schlafenden Eindruck zu vermitteln, war in der Frühzeit oft noch heidnisch beeinflußter Aberglaube der Grund für zahlreiche Handlungen am Leichnam. Das Augenverschließen verhinderte, daß der Verstorbene mit dem bösen, dem gebrochenen Blick Lebende in seinen Tod nachziehen konnte. Ein offenes Auge hätte ein Nachleben andeuten können. Durch den geöffneten Mund entschwand nach altem Glauben die Seele des Verstorbenen (weswegen unmittelbar nach dem Tod ein Fenster oder eine Tür geöffnet werden mußte, um der entfliehenden Seele einen Ausgang zu schaffen). Mit dem Verschließen des Mundes wurde die Rückkehr der Seele verhindert und damit die Möglichkeit ausgeschlossen, aus dem Toten einen Wiedergänger (einen lebenden Toten) zu machen, ein im Mittelalter entsetzlicher Gedanke. Wie gegenwärtig der Gedanke an Scheintod noch im 18. Jahrhundert war, belegt die „Trauerordnung für die Herzogthümer Schleswig-Holstein vom 25. Sept. 1739", nach der angeordnet wurde, „*daß keine Leiche bey Sommers-Zeit längstens über sechs und im Winter über acht Tage, unbeerdigt stehen bleibe*". Längere Wartezeiten waren damals wohl noch üblich.

Da mit dem Tod die Verwesung des Leichnams einsetzte, war eine Bestattung innerhalb kürzester Frist zwingend notwendig. Die Zeit bis dahin galt dem von der Gemeinschaft begangenen Abschied. Eine Totenwache ehrte den Verstorbenen, als ob er noch leben würde, stellte aber auch sicher, daß sein Weggang von den Lebenden endgültig war. Glockenzeichen oder -geläut hatten danach die Aufgabe, den Tod zu verkünden und bekanntzumachen, diente aber auch wiederum der Dämonenabwehr. Die einzuhaltende Stille im Hause eines Verstorbenen ließ ihm nun seine Ruhe. Dabei wurden zahlreiche „*Wachs-Lichter*", also Kerzen, aufgestellt. Waschungen des Leichnams als Reinigung für eine zu erwartende Wiedergeburt und die Einkleidung des Toten gaben der Hoffnung auf ein jenseitiges Weiterleben Ausdruck. Die anschließende Beisetzung gehörte zum Abschied vom Verstorbenen. Insofern steht der Ort der Bestattung, der Friedhof, in engstem Zusammenhang mit dem Sterben selbst. Die Bestattung war nicht – wie heute – ein isolierter oder gar anonymer Akt ohne zeitlichen Bezug zum Sterben. Pflege der Kranken, Vorbereitung auf den Tod, Hilfe beim Sterben, der Umgang mit dem Leichnam, Tragen des Sarges und die Bestattung selbst waren selbstverständlich Angelegenheiten der nächsten Angehörigen und damit – wie die Geburt eines Menschen – Teil des alltäglichen Lebens. Und damit erscheint auch der Friedhof mit seinen Funktionen in anderem Licht als heute.

Die Bedeutung des Kirchhofs im Mittelalter

Ursprünglich fanden die Bestattungen in den Kirchen selbst statt. Die Beisetzung erfolgte zunächst recht schlicht in der Erde, der Leichnam war in

Abb. 4   In den engen, gewölbten Grüften unter den Kirchenböden wurden die Särge oft übereinandergestapelt gelagert. Blick in die Buchwaldtsche Gruft des 17. Jahrhunderts in der Kirche in Pronstorf. Die Steinsarkophage sind meist schlichter, während die Metallsärge oft reicht verziert wurden.

ein Leichentuch gewickelt, das an Kopf und Füßen zusammengeknotet war, so daß ein Lagern auf einem Leichenwagen oder der Totenbahre, ein Tragen und Absenken in die Grube relativ einfach möglich waren. Aus Hamburger Kirchen ist bekannt, daß mit zunehmenden Bestattungen der Kirchenboden manchmal aufgeschüttet und erhöht werden mußte, so daß recht bald die Tradition von gemauerten Grüften für einzelne Familien aufkam, die nach

Abb. 5   „So wird es auch am Ende der Welt gehen: Die Engel werden ausgehen und die Bösen von den Gerechten scheiden" (Matth. 13, 49). Das Relief auf einem Grabstein in Wewelsfleth zeigt den Erzengel Michael, die Gerechten (links) von den Bösen (rechts, mit einem Teufel) scheidend. Darüber thront Christus als Weltenrichter.

ICH WEIS, DAS MEIN ER
LÖSER LEBET, UND ER
WIRD MICH HERNACH
AUS DER ERDEN AUFF.
ERWECKEN, UND WERDE
DERNACH MIT DIESER

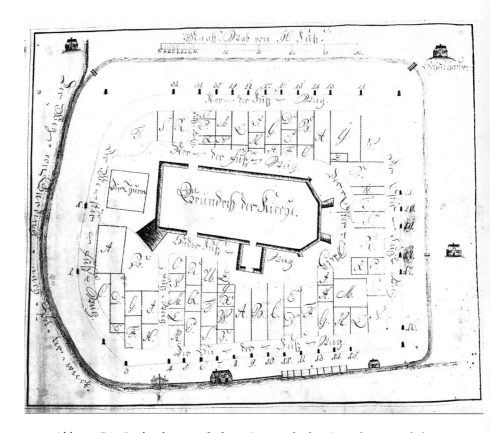

Abb. 6   Die Gräber lagen in früherer Zeit noch ohne Zwischenwege dicht beieinander. Gräberplan des 18. Jahrhunderts des kleinen Kirchhofs um die mittelalterliche Kirche in Welt in Eiderstedt. Die sich wiederholende, alphabetische Kennzeichnung der Gräber beginnt im gegenläufigen Uhrzeigersinn südlich des noch hölzernen Turms. Die Numerierung von 1 bis 32 bezeichnet die Grenze zwischen den Grabreihen.

Osten hin ausgerichtet waren. Reichte der Platz innerhalb der Kirche, der später meist den wohlhabenderen Gemeindemitgliedern oder Personen von Stand vorbehalten war, nicht mehr aus, wurde vereinzelt auch in den mächtigen Kirchenwänden Platz geschaffen und bald der engste Bezirk um die Kirchen herum, der Kirchhof, hinzugenommen. Dies war dann in der Regel der Ort für die einfachen Kirchenmitglieder, während die Vergabe privilegierter Plätze in der Kirche rasch zu einer Einnahmequelle der Pfarreien wurde.

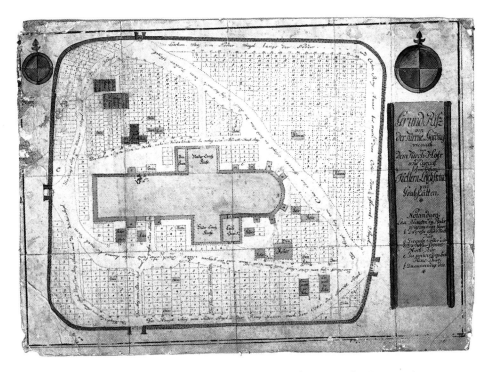

Abb. 7   Ein Plan des 18. Jahrhunderts aus Garding zeigt das System eines Kirchhofs: Umgeben von einer Mauer mit vier unregelmäßig liegenden Toren haben sich verschieden breite Wege als kürzeste Verbindung zwischen den Friedhofseingängen herausgebildet. Die Gräber sind mit einer Reihenkennzeichnung am Rand und einer Einzelnumerierung identifizierbar, zusätzlich ist angegeben, ob es sich um eine gemauerte Gruft („Keller") handelt. Wie selten noch Grabsteine verwendet wurden, belegt die Heraushebung einzelner „Leichensteine".

Warum wurde aber überhaupt in der Kirche und direkt um eine Kirche herum bestattet? In der römischen Antike war es Sitte, Nekropolen, Totenstätten, an den Ausfallstraßen der Städte anzulegen. Neben der Erdbestattung waren auch Leichenverbrennungen üblich. Das Christentum mit seinem Glauben an die leibliche Auferstehung duldete jedoch ausschließlich das Begraben des Leichnams; eine Feuerbestattung galt als heidnisch. Die Aufbewahrung zahlreicher Reliquien in den Kirchen meist im Altar oder in Altarnähe begründete den Wunsch für eine Bestattung in größtmöglicher Nähe dieser heilsbringenden sterblichen Reste der Heiligen. Der Kirchenraum wurde zum bevorzugten Ort für Bestattungen. Friedhöfe wurden aus diesem Grund bereits in frühchristlicher Zeit in die Städte zurückverlegt. Als heilsbringend galt neben dem Kirchenraum selbst ein relativ enger Bezirk von etwa 30 Schritt um die Kirche. Dies hatte zur Folge, daß um die Kirchenmauern herum recht eng und verschachtelt bestattet wurde und mehrfache Belegungen üblich waren. Der Kirchfriedhof zählte damit zum heiligen Bezirk der Kirche und war wie dieser Kultraum der christlichen Gemeinde.

Grundlage für den gesamten Totenkult im Mittelalter war der Glaube, die Mitglieder der Gemeinde könnten auch nach dem Ableben noch das Seelenheil der Verstorbenen beeinflussen, eine Art Leistung für den Verstorbenen erbringen. Die Gemeinschaft der Heiligen, wie sie im christlichen Glaubensbekenntnis noch ausgedrückt wird, bestand aus drei Gliedern der Kirche: erstens der streitenden Kirche, also allen rechtgläubigen Christen auf der Erde, zweitens der leidenden Kirche, das sind die Seelen im Fegefeuer, und drittens der triumphierenden Kirche, all jener, die durch die Erlösung mit Christus als Heilige im Himmel verbunden waren. Alle drei Glieder waren durch intensive Bitten füreinander, die Fürbitten, verbunden. Der Verstorbene befand sich in einem Wartezustand zwischen seinem persönlichen und dem letzten, göttlichen Gericht, einem Zwischenzustand, auf den mit Gebeten und Sakramenten Einfluß genommen werden konnte. Dem Tod wurde auf diese Weise etwas von seiner Grausamkeit und Endgültigkeit genommen.

Ort für das Totengedenken war der Gottesdienst in der Kirche, in dem die Fürbitte ein wichtiger Bestandteil der christlichen Liturgie wurde. Auf diese Weise war es durch die Bestattung in den Kirchen oder um die Kirchen herum für die Seelen der Verstorbenen möglich, am Meßopfer teilzunehmen, wichtigstes Motiv bei der Wahl der Grabes. Wie extrem diese Vorstellung wurde, machte der Ablaßhandel deutlich, letztlich von protestantischer Seite als Mißbrauch an gläubigen Christen verurteilt. Mit dem Erwerb von Ablässen sollte es nach katholischer Lehre möglich sein, den Schwebezustand, die Zeit der Seelen im Fegefeuer, deren Leiden aufs schwärzeste ausgemalt und oft bildlich dargestellt wurden, zu verkürzen. Die Auswüchse dieser als Irreführungen aufgefaßten Handlungen im frühen 16. Jahrhundert waren mit ein Anlaß für die Reformation, so daß ein Wandel in der Auffassung von Totenverehrung und Bestattungsbräuchen der Entstehung der protestantischen Lehre förderlich war.

Kirchhof und Kirche bildeten also jahrhundertelang eine Einheit, und bei jedem Kirchgang führte der Weg der Lebenden durch den Friedhof und über die Gräber der Vorfahren vorbei in die Kirche. Der Weg des Totengeleits war somit meistens identisch mit dem Kirchweg der Verstorbenen. Bei jedem Gottesdienst, jeder Messe, jeder Tauf- und Trauhandlung wurde an

Abb. 8   Die schlichteste Art der Grabherrichtung war ein einfacher Erdhügel, später mit kleinen Gittern, Kreuzen und anderen Grabmalen versehen. Das Aquarell um 1830 zeigt den Kirchhof in Groß-Solt mit flachen Grabhügeln. Es handelt sich vermutlich aber um eine vereinfachte Darstellung der Kirche mit noch hölzernem Turm, denn in der Entstehungszeit des Bildes werden auch hier bereits vereinzelt Grabmale existiert haben.

die eigene Sterblichkeit erinnert und daran, daß der Christ kein Individuum, sondern Teil einer Gemeinschaft der Heiligen ist. Bei vielen dörflichen Kirchen ist dieser Zusammenhang auch nach Jahrhunderten noch spürbar und lebendig.

Gräber und Grabmale

In der Regel wurde im Mittelalter für den Verstorbenen eine Grube ausgehoben, in die der eingewickelte Leichnam gebettet wurde. Die eigentliche Bestattung war recht einfach und ohne viel Aufwand. Träger waren meist die engsten Angehörigen. Leichenpredigten gab es nur bei Personen hohen Standes. Särge aus Holz, Stein oder Blei waren zwar bereits seit dem 13. Jahrhundert bekannt, aber bis weit ins 18. Jahrhundert hinein vor allem in ländlichen Gegenden immer ein Zeichen von Wohlstand und Luxus. Überhaupt wurde bei der Bestattung in Arm und Reich unterschieden. Den Armen waren oft nur Reihengräber vorbehalten. Es wurde eine längere Grube ausgehoben, in der die Leichname mit oder ohne Sarg unabhängig von Familienzusammenhängen in der Reihenfolge ihrer Anlieferung bestattet und ohne größere Zeremonie mit Erde bedeckt wurden. Anschließend deckte man die restliche, noch offene Grube bis zur nächsten Beisetzung mit Brettern ab. Meist war diese Art der Bestattung auf städtische Gebiete mit relativ hohen Sterberaten beschränkt. Die einzelnen Gräber wurden nach der Bestattung entweder eingeebnet – so wie wir es heute noch kennen – oder hügelartig aufgeschüttet, dann oft mit Brettern oder Gittern eingezäunt. Da die Friedhöfe sehr dicht belegt waren und auch andere Funktionen als den reinen Beerdigungsbetrieb kannten, muß in der Regel von eingeebneten Gräbern ausgegangen werden.

Der Friedhof selbst war ein abgeschlossener Bezirk: Eine Mauer mit Toren, ein Erdwall, ein tiefer Graben mit kleiner Brücke, eine dichte Hecke oder eine Stützmauer bei höherliegendem Terrain hatten den Zweck, Unbefugten ein Eindringen in den Friedhof zu erschweren, seien es Grabräuber, die Grüfte auf der Suche nach Verwertbarem aufbrachen, oder freilaufende Tiere, etwa streunende Hunde, die den Boden durchwühlten und oft furchbare Verwüstungen hinterließen. Ordentliche Reihen von Gräbern – heute meistens sogenannte Kopf-an-Kopf-Bestattungen, um mit einem Weg zwei Grabreihen versorgen zu können – gab es im Mittelalter nur selten. Wo Platz war, wurde bestattet, so daß es oft zu Überschneidungen von Gräbern kam, was besonders beim Ausheben von Gruben bei noch nicht verwesten Leichen zu Problemen führen konnte.

Das Grab war schon sehr früh ein Ort, wo man mit Pflanzen und Blumen der Toten gedachte, wobei die heutige Art der Bepflanzung auf Dauer der Ruhezeit unbekannt war. Kräuter (Wermut, Bilsenkraut, Hauswurz, Ringelblumen u.a.) hatten zudem die Aufgabe, Unheil von den Verstorbenen abzuwehren (wie der Rosmarin, der von den Totenträgern aus Schutz gebraucht wurde). Beliebteste Blumen waren aber die Lilie, die Blume Marias als Symbol der jungfräulichen Reinheit und Sitz der Seele der Verstorbenen, und die Rose. Sie war das Sinnbild der sieben Schmerzen Marias, der Caritas, des Blutes Christi und der Märtyrer. Ihr rasches Verwelken ist Gleichnis der Vergänglichkeit und des Todes. Nelken, schon im 9. Jahrhundert erwähnt, Schwertlilien, Mohn, Rainfarn, Frauenminze und viele andere Blumen, die im bäuerlichen Garten vorkamen, dienten ebenfalls als Grabschmuck.

Ab etwa dem 12. Jahrhundert kam die Sitte auf, das Grab mit einem Grabmal zu schmücken. Neben einfachen Stangen als Markierung des Grabes oder Totenbrettern war es vor allem das Holzkreuz, in spätmittelalterlicher Zeit ein niedriges Kreuz mit kleinem Dach, aufgestellt am Kopfende des Grabes. Es wies auf den stellvertretenden Opfertod Christi hin, hatte aber auch durchaus noch den Sinn, böse Geister zu vertreiben. Erst in späterer Zeit wurden mit Kerben die Lebensjahre der Verstorbenen angegeben. Weitere Angaben zu den Verstorbenen, wie etwa der Name, kamen zunächst nur bei Personen höheren Standes vor. In der Regel war das Grabmal bis ins Spätmittelalter anonym. Der Prozeß der zunehmenden Individualisierung des Grabmals sollte letztlich bis ins 17. Jahrhundert dauern, der ersten Blütezeit der Sepulkralkunst auch in Schleswig-Holstein. Steinkreuze oder eiserne Kreuze kamen erst gegen Ende des Mittelalters auf. Häufig anzutreffen war eine schlichte Grabplatte. Sie hatte vor allem die Funktion, das Grab vor Verwüstung und Plünderung zu schützen.

Bedauerlicherweise läßt sich nicht genau sagen, wie die einfachen Grabmale auf den Kirchhöfen im Mittelalter in Schleswig-Holstein aussahen.

Abb. 9   Neben aufwendig mit hölzernen oder schmiedeeisernen Gittern umgebenen Gräbern nahe bei der Kirche gab es auf den Kirchhöfen einfache Grabhügel mit und ohne Grabmal, aber auch schlichte kleine Namens- oder Nummernsteine zur Markierung der Begräbnisstätte. Die Zeichnung um 1865 zeigt die kleine mittelalterliche Kirche in Boren mit ihrem hölzernen Glockenturm von 1693.

Das oben geschilderte ist von allgemeiner Gültigkeit für das deutsche Sprachgebiet und vermutlich auch auf die kleinen Friedhöfe Schleswig-Holsteins übertragbar. Einzelne lokale Traditionen kamen sicherlich hinzu. Schriftliche zuverlässige Quellen fehlen ebenso wie frühe bildliche Darstellungen, die sich, wenn vorhanden, nur auf höfische Zusammenhänge beziehen. Es ist zu vermuten, daß bis ins 16./17. Jahrhundert – in ländlichen Gegenden bis weit ins 19. Jahrhundert – das einfache Holzkreuz das übliche Grabmal war, vergänglich wie die Verstorbenen selbst. Die prachtvollen steinernen Grabplatten in den Kirchen und die Grabstelen des 17. und 18. Jahrhunderts – als schöne Beispiele seien die Grabmale in Wewelsfleth, Brokdorf, St. Margarethen und Brunsbüttel genannt –, lassen allerdings erahnen, daß es auch vorher lokale Traditionen von Grabmalgestaltung mit entsprechend künstlerisch begabten Steinmetzen gegeben hat.

In ländlichen Gegenden waren einfache Markierungssysteme auf Gräbern in der Regel lange üblich, so daß mit gewisser Vorsicht auf sehr alte, vielleicht noch mittelalterliche Traditionen geschlossen werden kann. Für den Kirchhof in Bad Bramstedt sind 1765 beispielsweise einfache Pfähle überliefert: *„[...] wann der Kirchhof mit sovielen hölzernen Creutzen und hohen Pfählen versehen, auch die Gräber mit Erde dergestalt erhöhet, daß in Not und insbesondere von Brandfällen [...] mit Pferden und Wagen auf solchem Kirchhofe nicht gefahren werden kann.“* Und für Lebrade sind 1797 in einem Kircheninventar die Grabkosten *„außer der Kirche“* für Erwachsene und Kinder aufgeführt sowie Kosten für *„Schlegel“* auf den Gräbern genannt, und *„so lange der Schlegel stehet, ist das Begräbniß gleichsam ihr Eigentum. Sie dörfen den Schlegel aber nicht reparieren lassen.“* Damit war neben der Grabmalsetzung auch eine variable Ruhezeit angesprochen. Eine Zeichnung von 1865 des Kirchhofs in Boren zeigt neben Kreuzen einfache Markierungssteine, und auf einer lavierten Federzeichnung der Sophie Gräfin Reventlow um 1820 sind auf dem Selenter Kirchhof vermutlich schlichte Namenstäfelchen dargestellt.

Der Kirchhof als Ort des Zusammenlebens

Der Kirchhof war eine Stätte des dörflichen Lebens mit all seinen positiven und negativen Facetten. Der Platz rund um die meist bescheidene Gemeindekirche war Zentrum der dörflichen Gemeinschaft, war – heute würden wir sagen – multifunktional. Auf den Kirchhöfen wurde der Segen für Wallfahrer, Pilger und Büßer erteilt, sicher auch für lange von zu Hause abwesende Schiffsbesatzungen für ihre gefährlichen Fahrten. Almosenverteilungen, Armenspeisungen, Segnungen von Vieh und Erntegut, Aussetzen von unerwünschten Neugeborenen an der Kirchentüre, Versorgung von Bett-

Abb. 10   Die Kirche mit ihrem Friedhof mitten im Dorf: Spielende Kinder im Jahr 1919 vor der kleinen gotischen Hallenkirche in Büchen im Lauenburgischen.

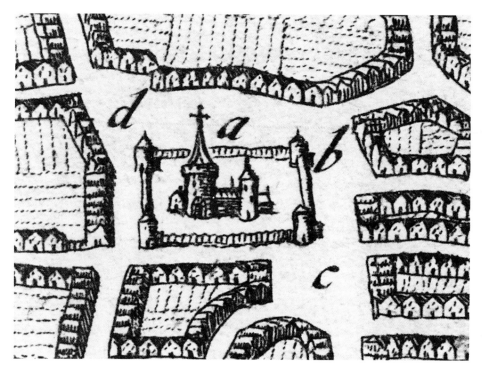

Abb. 11 Die Stadtansicht Meldorfs von Johannes Mejer 1648 zeigt einen Zustand des Kirchenbezirks um 1500 (Ausschnitt). Der Kirchhof rund um den Dom ist mit hohen Mauern und kleinen Ecktürmchen befestigt und geschützt, abgebrochen 1834.

lern und Kranken – das alles fand auf dem Kirchhof statt. Auch Tanzveranstaltungen sind überliefert. Vor allem war er der Ort für Vertragsabschlüsse, Gemeindeversammlungen, Thing- und Gerichtsversammlungen, Tagungen der weltlichen Obrigkeit, Zunft- und Bürgerversammlungen. In den meisten Dörfern gab es keinen größeren Raum für Versammlungen als die Kirche. Da sie nicht alle Menschen aufnehmen konnte, fanden viele Veranstaltungen auch im Freien statt, und die Menschen standen dabei auf den Gräbern, denn eine Wegeeinteilung wie heute gab es noch nicht. Auch Kaufleute und Händler stellten, vor allem bei Jahrmärkten, hier ihre Waren aus. Ein schönes Beispiel für einen großen Kirchhof mit all diesen Funktionen bestand in Meldorf in Dithmarschen rund um den Dom, umgeben von einer ringförmigen, bereits 1834 abgebrochenen Mauer mit Toren und kleinen Häuschen. Nach der Schlacht bei Heide 1559 fand die Dithmarscher Bauernrepublik ihr Ende. Auf dem Friedhof in Meldorf, wie es ausdrücklich in den Quellen heißt, versammelten sich die Bewohner, um den Eroberern und neuen Landesherrn zu huldigen.

Führt man sich die bauliche Situation der mittelalterlichen Dörfer und kleinen Städte vor Augen, wird ein weiteres Moment deutlich: Der Kirchhof war oft der einzige befestigte und ummauerte Platz und diente zur Verteidigung bei Angriffen. Hier konnte man sich eine Zeitlang verschanzen, hier standen – wenn der Kirchhof einen größeren Umfang hatte – auch allerlei Vorratshäuser, Zehntscheunen, Siechenhäuser oder kleine Einsiedeleien. In die Zehntscheunen konnten die Bauern bei Gefahr ihr Erntegut einlagern. Die Kirche selbst war als einziger Steinbau des Ortes befestigt, hatte meistens einen mächtigen steinernen Turm, der auch als Fluchtturm bei Feuer diente. Eine weitere Funktion erhielt der Kirchhof als Ort des Asyls. Von hier aus konnten Verfolgte in den sicheren Kirchenraum fliehen. Vom bunten Treiben auf den Kirchhöfen ist nicht viel geblieben. Heute sind sie im Schatten der riesigen Bäume Orte der Stille und der Andacht geworden.

Die Auswirkungen der Reformation auf die Gestalt der Friedhöfe

Die Reformation des frühen 16. Jahrhunderts brachte einen einschneidenden Bruch in der Bestattungstradition. Das neue Verständnis von Verkündigung hatte zur Folge, daß der Raum für das Totengedenken (die Pfarrkirche) und der Ort der Bestattung (der Friedhof) getrennt voneinander liegen konnten. Die Ablehnung der Heiligen als Vermittler für das Seelenheil, die daraus folgende Ablehnung der Reliquienverehrung und besonderer Messen für die Verstorbenen machten eine Nähe eines Begräbnisplatzes zu einer Kirche nicht mehr zwingend notwendig. Die Totenmesse, das Requiem, wandelte sich zu einem Wortgottesdienst zum Troste der Hinterbliebenen und Trauernden. Kennzeichnend für die nachreformatorische Zeit wird die Leichenpredigt als Ort der Verkündigung der zu erwartenden Auferstehung.

In seiner Vorrede zu der Sammlung von Begräbnisliedern formuliert Martin Luther 1542 in seiner drastischen Sprache seine Maßnahmen: *„Dem nach haben wir in unsern Kirchen die Bepstlichen Grewel, als Vigilien, Seelmessen, Begengnis, Fegfewr und alles ander Gauckelwerck, für die todten getrieben, abgethan und rein ausgefegt."* Nach protestantischem Verständnis endete mit dem Tod jegliche Form der Seelsorge am Verstorbenen. Nicht mehr der Tote steht im Mittelpunkt, sondern die Lebenden, die Hinterbliebenen. Der Friedhof wird ein Ort des Gedenkens und des Trostes, ein *„feiner stiller Ort … darauf man mit andacht gehen und stehen kuendte, den tod,* *das Juengste gericht und aufferstehung zu betrachten und zu betten"*, so formuliert es Martin Luther in seiner berühmten Schrift „Ob man vor dem Sterben fliehen möge", erschienen 1527. Vom weltlichen Treiben entfernt, sollte er eine Stätte der Stille und des Gebets werden. Mit der Aufhebung der dogmatischen Auffassung von der Einheit von Kirche und Grab entstanden so Voraussetzungen für die Anlage von neuen Friedhöfen, wenn auch die alten traditionell weiter in Betrieb blieben.

In der erwähnten Schrift formulierte Luther für die Entwicklung der Friedhöfe folgenreiche Gedanken. Anlaß war die Frage, welche Pflichten gegenüber einem Pestkranken bestünden, ob es einem Christen erlaubt sei, vor der Krankheit, also dem sicheren Sterben zu fliehen. Obwohl es nach Luthers Verständnis unmöglich war, dem Tod als gerechter Strafe Gottes zu entgehen, sah er dennoch eine Verpflichtung, sich vor den Seuchen zu schützen. Auf diese Weise entstanden die Empfehlungen Luthers, die Pestfriedhöfe und letztlich alle Begräbnisstätten außerhalb der Städte anzulegen: „*Weil wir aber ynn diese sache komen sind, vom sterben zu reden, kann ichs nicht lassen, auch von dem begrebnis etwas zu reden. Auffs erst las ich das die Doctores der ertzney urteilen und alle die des bas erfaren sind, obs ferlich sey, das man mitten ynn stedten kirchhofe hat. Denn ich weis und verstehe mich nichts drauff, ob aus den grebern dunst odder dampff gehe, der die lufft verrücke. Wo dem also aber were, so hat man aus obgesagten warnungen ursachen gnug, das man den kirchhoff ausser der stad habe. Denn wie wir gehort haben, Sind wir allesampt schueldig der gifft zu weren, wo mit man vermag. Weil Gott uns befolen hat, unseres leibs also zu pflegen, das wir sein schonen und warten, so er uns nicht not zuschickt. [...] Darumb mein rat auch were, solchen exempeln nach das begrebnis hinaus fur die stadt machen.*"

Friedhöfe werden verlegt

Vor allem hatten die lutherischen Überlegungen Folgen für das Begräbnis- und Friedhofsrecht und für die Kirchenordnungen des 16. Jahrhunderts. Mißbrauch von Kirchhöfen wurde bestraft, alle zweckfremden Handlungen von den Friedhöfen ferngehalten. Erst die zahlreichen aufgelisteten Verbote machen deutlich, was alles auf den Kirchhöfen geschah. Die schleswig-holsteinische Kirchenordnung von 1542 läßt auf nicht immer gute Zustände der Kirchhöfe schließen: „*Willen ock unde gebeden, dat de Kerckhave up den Dörpern so wol, alse yn den Steden, wol unde Eerlick befredet unde geholden werden, dat dar nene [= keine] Perde, Köye, Schwyne, edder dergliken können up lopen [...].*" Es setzte eine Welle von Friedhofsverlagerungen und Neugründungen ein, die jedoch nicht die alten Kirch-

*Abb. 12   Eisenkreuz auf dem Friedhof auf dem Stadtfeld in Schleswig, an-
gelegt 1618; im Hintergrund das hölzerne Glockenhaus von 1621.*

höfe ersetzten, sondern ergänzten. Die konsequente Trennung von Kirche und Grab – wobei sich Privilegierte weiterhin in den Kirchen bestatten lassen konnten – bewirkte, daß nun hygienische Gesichtspunkte ernst genommen wurden, die vorher aufgrund der Dominanz religiöser Auffassungen unbeachtet blieben. Erstmals konnten Standortbedingungen der Friedhöfe nach anderen als theologischen Vorgaben entschieden werden, was auch bedeutete, daß nicht mehr nur allein die Kirche über den Ort der Anlage entschied. Das Begräbnis auf freiem Feld, bisher unehrenhaft Verstorbenen vorbehalten, wurde allerdings zunächst nur zögerlich angenommen.

Im dörflich geprägten Schleswig-Holstein sind nur wenige Auslagerungen von Kirchhöfen oder neue Anlagen außerhalb der Städte zu vermerken, Feldbegräbnisse setzten sich nur schwer gegen die jahrhundertalten Traditionen durch. Meistens wurden die kleinen Kirchhöfe unter den geänderten Bedingungen weiterbetrieben. In Lübeck wurde der St.-Lorenz-Friedhof 1598 als Pestfriedhof angelegt und als Armenfriedhof erweitert. Anfang des 17. Jahrhunderts wurde der Schleswiger Friedhof auf dem Stadtfeld angelegt, eine einfache Anlage mit schlichtem Wegekreuz, ursprünglich nur für Pestkranke, Ortsfremde, Selbstmörder und Hingerichtete. Auf dem Holm, der kleinen Fischersiedlung beim Schleswiger Dom, entstand 1603 eine kleine, runde Anlage mit Wegekreuz, ehemals Friedhof der Marienkirche. In Kiel war der St.-Johannis-Friedhof vor die Stadt verlegt worden, heute durch den Hauptbahnhof überbaut. In Tönning diente ein Bezirk am Armenhaus oder Hospital am Osttor als neuer Friedhof. Und in Wilster wurde 1604 der neue Friedhof geweiht, heute Teil des Stadtparks im Nordwesten der Kirche, ehemals ein schlichtes Recteck mit umgebendem Baumkranz.

Für Glückstadt ist für das 17. Jahrhundert eine Planung für einen neuen Friedhof noch innerhalb der Stadtbefestigung auf einer Bastion überliefert, aber wohl nie ausgeführt worden. Im Verteidigungsfall wäre es möglich gewesen, wie in den schmalen Gärten, die sich innerhalb der Befestigung an den Mauern entlangzogen, das flache Gelände ungehindert zu nutzen, ohne Gebäude beseitigen zu müssen. Der Friedhof entstand schließlich 1642 vor der Befestigungslinie, mußte aber dem weiteren Ausbau des Festungswerks bereits 1688 wieder weichen. Der heutige „Alte" Friedhof, einer ehemaligen Bastion gegenüberliegend, läßt mit seinem Hauptweg die ehemalige Trennung in einen bürgerlichen und einen militärischen Teil noch erkennen. Aus seiner frühen Zeit sind einige Grabmale heute auf dem Neuen Friedhof museal zusammengestellt.

In den größeren Städten ging die Planung oder Anlage neuer Friedhöfe in späterer Zeit dann meist einher mit der vollständigen Entfestung der barocken Verteidigungsanlagen oder der Schleifung der oft noch mittelalterlichen Stadtmauern. Denn oft wurden die neu gewonnenen Freiflächen nicht bebaut, sondern in gärtnerisch gestaltete Anlagen umgewandelt, wie sie sich in bescheidener Weise in einigen kleinen Städten Schleswig-Holsteins, etwa in Krempe oder Rendsburg, noch erhalten haben. So charakteristische Friedhofsplanungen wie in Mannheim, die sich direkt an den aufgegebenen Bastionen orientierten, haben sich in Norddeutschland nicht erhalten, sind aber immerhin überliefert, wie etwa der kleine Friedhof innerhalb der Klosterschanze in Neumünster in der Mitte des 18. Jahrhunderts. In Flensburg wurden Befestigungen noch des 15. Jahrhunderts für die Anlage des Alten Friedhofs aufgegeben. Wegen seiner Schmalheit war die Anlage eines Wegekreuzes hier nicht möglich, so daß sich die schmalen Reihengräber über den ganzen Friedhof erstreckten.

Mit zunehmender Religionsfreiheit gegen Ende des 16. Jahrhunderts entstand auch bei den anderen Religionsgemeinschaften der Wunsch nach eigenen Kirchen und Begräbnisplätzen. Schönstes Beispiel für das Nebeneinander unterschiedlichster Glaubensrichtungen ist Friedrichstadt, eine Gründung Herzog Friedrichs III. von Gottorf, der mit der Stadtgründung 1621 vor allem Remonstranten aus den Niederlanden ansiedelte. Zeitweilig bestanden sieben Religionsgemeinschaften. Im alten Stadtkern von Friedrichstadt liegen heute noch – teilweise mit ihren Friedhöfen – die lutherische Kirche, die Remonstrantenkirche, der Betsaal der Mennoniten und die katholische Kirche; außerdem gibt es noch zwei jüdische Friedhöfe.

Die Gestalt der Friedhöfe

Mit der Aufgabe der Kirchhöfe verloren die Friedhöfe mit den Gemeindekirchen auch ihren geistigen Mittelpunkt, auf den sich die Gräber ausgerichtet hatten. Die neuen Anlagen, meist völlig ungegliedert in der Anordnung der Gräber wie bisher, wurden – wie der Stadtfeldfriedhof in Schleswig – durch einfache Hauptwege strukturiert. In der Mitte stand oft nur ein kleiner Baum, ein Gedenkstein, ein Hochkreuz oder in späterer Zeit eine kleine Kapelle, eine Tradition, die selbst noch in den Anlagen des späten 19. Jahrhunderts nachwirkt. Ansonsten werden auch diese Friedhöfe relativ baumlos gewesen sein, die Grabmale lediglich kleine Kreuze aus Holz oder Eisen. Da die Kirche als Bezugspunkt im neuen Bestattungssystem verloren gegangen war, bestand auch keine Notwendigkeit mehr, sich mit den bedeutendsten Gräbern an der Mitte, dem ehemaligen Zentrum des Heils, zu orientieren. Die Friedhofsränder, einst Selbstmördern oder Ungetauften vorbehalten, wurden nun mit ihren Mauern zu begehrten Lagen für repräsentative Grabanlagen als Ersatz für aufwendige Kirchengräber. Hier entstanden nach und nach sogenannte Camposanto-Anlagen, gemauerte kleine Reihengrabkapellen, oft mit Arkaden miteinander verbunden, nicht unähnlich klösterlichen Kreuzgängen. In Schleswig-Holstein ist aus dem 16./17.

Jahrhundert keine solche Anlage bekannt. Erst im frühen 19. Jahrhundert entstand in Ratzeburg auf dem Friedhof am Steindamm eine lange Reihe von Grabkapellen, das einzige Ensemble dieser Art im Land.

Die Zeit des Umbruchs und der Aufklärung um 1800

Brachten die Jahre des Dreißigjährigen Krieges einen Rückgang der Bevölkerungszahlen und damit eine Stagnation der Friedhofsbelegungen, verdoppelte sich ab der Mitte des 18. Jahrhunderts bis zur Mitte des 19. Jahrhunderts die Bevölkerung. Die vor allem in städtischen Bereichen nach außerhalb verlegten Begräbnisplätze befanden sich durch die Ausdehnung der Orte bereits wieder innerhalb der neuen Wohnbebauung. Waren im 17. und frühen 18. Jahrhundert trotz hoher Sterblichkeitsraten hygienische Überlegungen für das Bestattungswesen eher noch marginal, wurden die Probleme gegen Ende des 18. Jahrhunderts dringend. In seiner „Beschreibung der Kirchenverfassung in den Herzogtümern Schleswig und Holstein" beschreibt Wolf Christian Matthiä um die Jahrhundertmitte: „Vernünftiger und der Gesundheit der Lebenden zuträglicher wäre es, daß die Toten [...] an solchen Orten begraben würden, die nicht häufig besucht werden, da es unläugbar ist, daß die Ausdünstungen aus den Gräbern der Gesundheit nachteilig sind." Dort, wo es noch nicht zu Verlegungen und Auslagerungen gekommen war, führte die Enge und Masse der Belegung zu oft widerwärtigen Zuständen. In Lübeck führten vor allem in den Sommermonaten die dicht unter dem Kirchenboden liegenden Gräber zu einem unerträglichen Leichengeruch, so daß 1773 festgelegt wurde, daß in den Stühlen der Diakone „von Himmelfahrt bis Michaelis alle Sonntage grün wollriechendes frisches Kraut und zwei Riechbüschel" ausgelegt werden mußten. Nicht anders war die Situation auf den Kirchhöfen selbst. Meist waren sie mit verwesenden Leichen überfüllt, oft nur in Gemeinschaftsgruben geworfen, die für jede Bestattung wieder geöffnet werden mußten. Leichen lagen über- und dicht nebeneinander, und manchmal wurde für weitere Beerdigungen nur eine dicke neue Erdschicht aufgebracht, was ein stetiges Anwachsen des Bodens auf den Kirchhöfen bedeutete. In Eutin war gegen Ende des 18. Jahrhunderts das Gelände rund um die Michaeliskirche durch die zahlreichen Bestattungen so erhöht, daß das Regenwasser bereits in die Kirche floß. Auch eine Pflasterung bereits 1730 hatte keine Abhilfe geschaffen und mußte zudem für jede Bestattung wieder aufgenommen werden. Bei der Anlage des neuen Friedhofs in Neumünster schrieb Ernst Christian Kruse: „Endlich, Gott sei gelobet, kommt man fast überall dahin, das lächerliche, ekliche und schädliche der Gewohnheit, die Leichen auf engen, von allen Seiten mit Gebäuden umringten Plätzen aufeinanderzuschichten, *immer mehr einzusehen [...]."* Mit seinem Bericht wollte der damalige Kompastor aufzeigen, wie eine Gemeinde veranlaßt wurde, *„statt ihres ekelerregenden und pestilenzialische Dünste aushauchenden Kirchhofs einen geräumigen Platz, von den Wohnungen der Lebendigen entfernt, zur Ruhestätte für ihre entschlafenen Mitglieder auszuwählen und einzurichten."* In den ländlichen Gegenden Schleswig-Holsteins waren diese Probleme weniger drängend, wuchs doch hier die ohnehin geringe Bevölkerung nur langsam.

Reformen des 18. Jahrhunderts und Verlegung der Friedhöfe

Jahrhundertlange Toleranz, Respekt und Gemeinschaft der Lebenden gegenüber den Toten in den Dörfern und Städten wandelte sich in der Zeit der Aufklärung in der zweiten Hälfte des 18. Jahrhunderts in einen bisher nicht gekannten Ekel vor Tod und Verwesung vor allem bei den gebildeten

Abb. 13   *Friedhof in Burg/Dithmarschen, angelegt 1817 innerhalb eines alten Ringwalles.*

Schichten. Man begann, den Umgang mit dem Leichnam zu tabuisieren. Es kamen Überlegungen auf, Bestattungen innerhalb der Städte zu verbieten; einen ersten Schritt tat die Pariser Stadtverwaltung 1782, als sie verbot, weiterhin in den Kirchen zu bestatten. Im Königreich Preußen galt ab 1794 ein Verbot der Bestattung in Kirchen und bewohnten Gegenden. Besitzer von Erbbegräbnissen wurden *„durch unentgeltliche Anweisung eines schicklichen Platzes dazu auf dem neuen Kirchhofe"* entschädigt, so das „Allgemeine Landrecht für die Preußischen Staaten".

Die Jahre nach der Französischen Revolution waren auch für Norddeutschland eine Zeit tiefgreifender Veränderungen. Die Beseitigung von Fürstbistümern, Regierungs- und Verwaltungsreformen, Veränderungen im Rechts- und Schulwesen, Neuerungen in der Kirchenverwaltung und Reform des Militärs waren gewaltige gesellschaftliche Umbrüche im Geiste der Aufklärung. Auch die Sensibilität für hygienische Probleme wuchs. Dabei standen neben den Formen der Bestattung auch Gefängnisse, Schlachthöfe oder Hospitäler auf dem Prüfstand. So wurde zum Beispiel in Schleswig auf Initiative des Physikus Suadicani 1816 eine neue, in Nordeuropa einzigartig vorbildliche neue Irrenanstalt auf dem Stadtfeld gegründet, um moderne Therapien für Geisteskranke in menschenwürdigerer Umgebung anwenden zu können. Die allgemeine Verbesserung der medizinischen Versorgung oder die Einführung von Impfungen sorgten allgemein für ein neues Verhältnis zu Krankheit und Tod. Die Auswirkung auf die Anlage, Betreuung und Gestaltung der Friedhöfe blieb nicht aus.

War die gesundheitliche Bedrohung, die von den überfüllten, innerstädtischen Friedhöfen ausging, einmal erkannt, waren Verlegungen die logische Konsequenz. In Frankreich hatte die Bewegung bereits in den 1760er Jahren eingesetzt und gipfelte in dem napoleonischen „Décret impérial sur les sépultures" von 1804, der das Bestattungswesen neu regelte und sich auch in deutschen Landen auswirkte. In Österreich kam es ab den 1780er Jahren unter Kaiser Joseph II. zu umfangreichen Begräbnisreformen, die zunächst so radikal waren (Verbot der Bestattung in Särgen, Verbot prunkvoller Bestattungen, der barocken „pompe funèbre" u.a.), daß sie wenige Jahren nach seinem Tod 1790 wieder abgemildert wurden. Im dänischen Reich war 1807 eine entsprechende Vorschrift zur Verlegung der Begräbnisstätten durch König Friedrich VI. erlassen worden.

In Deutschland waren es vor allem hygienische Motive, mit denen Kirchenbestattungen und Bestattungen auf innerstädtischen Friedhöfen untersagt wurden. Dabei sollten drei Aspekte verbessert werden: 1. Der Standort: Die Friedhöfe sollten möglichst auf erhöhten Lagen außerhalb der Stadt angelegt werden, damit günstige, von der Stadt weggehende Winde die Ausdünstungen vertrieben. 2. Die Bepflanzung: Bäume und Sträucher wurden als Hindernisse der erwünschten Luftzirkulation als ungeeignet für eine

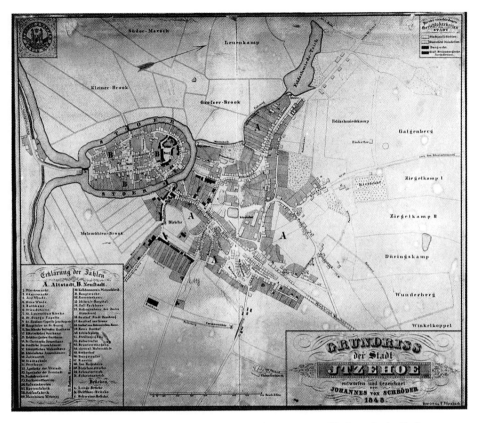

Abb. 14 Im frühen 19. Jahrhundert wurden neue Friedhöfe außerhalb der Städte angelegt, so wie die heute Neuer Friedhof genannte Anlage von 1817 in Itzehoe an der Ausfallstraße nach Norden Richtung Hohenwestedt. Auf dem Stadtplan Johann von Schröders 1848 ist der Friedhof mit seinem charakteristischen Wegekreuz rechts in der Bildmitte zu erkennen.

Gestaltung angesehen; eine einfache Einfassung mußte genügen. 3. Die Bestattungsart: Revolutionär war die Forderung nach Einzelgräbern für jeden Verstorbenen: Anstelle von wahllos angelegten Leichengruben sollten jetzt Reihen von einzeln abgetrennten Gräbern in der Reihenfolge der Bestattungen angelegt werden, sog. Reihengräber (die damit auch dem neuen Gleichheitsideal der Gesellschaft entsprachen).

Abscheu gegen unhygienische Verhältnisse bedeutete nun auch Ablehnung von Gruftbestattungen. Geprägt durch neue Empfindsamkeiten der Romantik bestand vielmehr der Wunsch, so John Strang in Hamburg 1831,

„[...] das Grab zu einem gelegentlichen Mahner der Lebenden und zu einer zärtlichen Erinnerung an die Toten zu machen. In der feuchtkalten und traurigen Atmosphäre einer Totengruft gibt es jedoch nichts, mit dem der warme Busen eines Lebenden sich in Einklang fühlen könnte. Dort ist die Erinnerung an den verblichenen Angehörigen oder Freund nicht mit dem friedvollen Schlaf und der ergreifenden Schonheit der Natur verknüpft, sondern vielmehr mit den schrecklichen Grauen eines Beinhauses und dem kalten Produkten der Kunst."* Bereits 1758 wurde Meta Klopstock als Angehörige der gehobenen Schicht unter einer Linde an der Altona-Ottensener Dorfkirche und nicht in einer damals noch üblichen unterirdischen Gruft beigesetzt.

Die Reformen hatten verschiedene Auswirkungen: Einmal war damit die Ruhezeit kontrollierbar geworden. Es war nun möglich, einzelne Gräber auch lange nach der Bestattung zu identifizieren, eine der wichtigsten Voraussetzungen für das Aufkommen individueller Grabmalgestaltung und eine zunehmende Privatisierung des Bestattungsbrauchtums. Die Zulassung von Familiengräbern sollte später dann auch die Aufstellung pompöser Grabmale ermöglichen. Weitere Folgen waren die Nivellierung von Standes- und Religionszugehörigkeit, aber auch die Zunahme an Bürokratisierung. All diese Maßnahmen wurden natürlich nicht auf einmal und je nach vorgefundener Situation mal zögerlich, mal energisch umgesetzt, in ländlichen Bereichen erst mit enormem Zeitabstand. Zögerlich war die Umsetzung sicherlich in klerikalen Kreisen, die um Einnahmen aus dem Verkauf von Grüften auf den Kirchhöfen fürchteten. Die meisten dieser Reformen bestimmen auch heute noch weitgehend das Erscheinungsbild unserer Friedhöfe.

Während beispielsweise in Eutin auf herzogliche Weisung bereits 1787 ein neuer Friedhof auszuweisen war, in Kiel 1793 der neue St.-Jürgen-Friedhof entstand und in Flensburg 1810 unter Mitwirkung des Baumeisters Axel Bundsen ein neuer repräsentativer Friedhof angelegt wurde, setzten sich die Reformen in ländlichen Gebieten und kleineren Orten erst zwei bis drei Jahrzehnte später durch, so beispielsweise in Krempe mit der Anlage des Friedhofs 1847 oder in Wilster 1858/59. Neue Friedhöfe erhielten Rendsburg mit seinem Garnisonfriedhof 1805, Plön 1807, Itzehoe 1817, Heide 1825, Eckernförde 1827, Lübeck 1832 mit dem Burgtorfriedhof und Meldorf 1834, um hier nur einige zu nennen. In Hamburg erfolgte die Verlegung der Friedhöfe außerhalb der Stadt in den Jahren 1793/94, wobei ein Bestattungsverbot in der Stadt erst 1813 ausgesprochen wurde.

Eine direkte Folge der neuen Anlagen war die Errichtung von Leichenhäusern, eine völlig neue Aufgabe der Architektur. Den neuen hygienischen und gerichtsmedizinischen Anforderungen entsprechend, dienten sie zur Aufbahrung der Verstorbenen bei der Vorbereitung der Bestattungen,

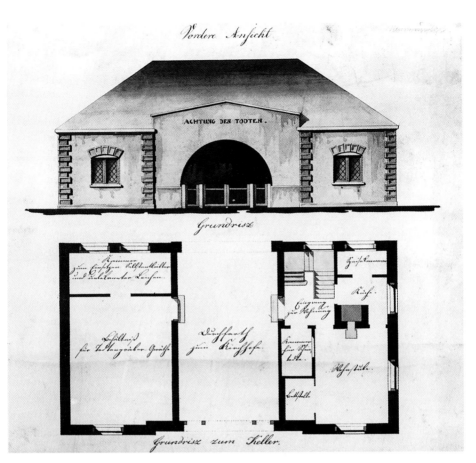

Abb. 15   Das neue Leichenhaus in Neumünster, entstanden wohl 1821/22. Die Zeichnung nach einem Entwurf F. C. Heylmanns stammt von Carl Krumbhaar. Links neben der Durchfahrt eine Kammer zum „Einsetzen Selbstentleibter und unbekannter Leichen" und „Todtengräber-Geräthe", rechts die Wohnung des Totengräbers. Direkt neben der „Wohnstube" liegt zur Überwachung die „Kammer für Scheintodte".

der sogenannten Leichenschau, die in Bayern bereits 1760 eingeführt, in Preußen, und damit in Schleswig-Holstein, erst 1911 obligatorisch wurde. Die Hallen waren aber auch eine Reaktion auf die damals in der Bevölkerung bestehende Furcht vor dem Scheintod, so daß mannigfaltige Apparaturen zur Überprüfung von Körperreaktionen installiert werden konnten und oft ein kleines Schlafgemach des Friedhofswärters oder Totengräbers sich mit einer Öffnung direkt neben der Leichenhalle befand. In der Regel waren diese Funktionsräume aber in Kapellenneubauten auf den Friedhöfen integriert.

Die geometrischen Vier-Feld-Anlagen

Mit den Reformverordnungen in der zweiten Hälfte des 18. Jahrhunderts, um 1800 und dann verstärkt zu Beginn des 19. Jahrhunderts wird ein Wendepunkt in der Entwicklung der Friedhofsanlagen eingeleitet. Die einfachste Form der neuen Friedhöfe war eine Aufteilung des Geländes in vier etwa gleich große Felder mit einem Wegekreuz, eine Form, die bereits in nachreformatorischer Zeit entstanden war (vgl. den Pestfriedhof in Schleswig), sich nun aber allgemein durchsetzte. Ein umlaufender Weg erschloß zusätzlich die äußeren Grabreihen in den vier Feldern, ermöglichte aber auch die Pflege der Umfassungsmauern. Die Bepflanzung durch den Friedhofsbetreiber müssen wir uns recht sparsam vorstellen. Meist standen nur an den Wegen oder Wegekreuzungen Bäume, im Hauptweg oft beidseitig als kleine Allee ausgebildet. Ein beeindruckendes Beispiel hierfür ist die Hauptallee des neuen Domfriedhofs in Schleswig außerhalb der Stadt. Fast immer gab es allerdings – wie bei den Kirchhöfen mit den beeindruckenden Baumkränzen – eine den Friedhof oder zumindest eine oder zwei Seiten umgebende Baumreihe, meist Linden oder Kopfweiden, wie sie sich in Eutin erhalten hat. Auf den Gräbern selbst waren in der Regel das Anpflanzen von Bäumen untersagt und lediglich kleine Sträucher und Pflanzen zugelassen. Die äußeren Baumreihen hatten den Zweck, die Umgebung vor den gefürchteten Ausdünstungen der Toten zu schützen, während die sparsame Binnenbepflanzung eine ungehinderte Luftzirkulation auf dem Friedhof ermöglichen sollte. In Schleswig-Holstein sind zahlreiche solcher Anlagen erhalten – oder überliefert, wie in Neumünster der Alte Friedhof bei der Ancharkirche – oft allerdings nachträglich erweitert, wie etwa der Garnisonfriedhof in Rendsburg, der Alte Friedhof in Itzehoe oder Bad Oldesloe, der Eutiner und der Eckernförder Friedhof oder der Neue Friedhof in Wilster. Wie eine Anlage idealerweise aussehen konnte, zeigt der 1831 angelegte Friedhof an der Norderreihe in Altona: Eine kreuzförmige Achse durchzog den annähernd quadratischen Friedhof, im Eingangsbereich hinter dem repräsentativen Portal ein halbrunder Platz, im Zentrum ein Rondell von 50 Meter Durchmesser. Insgesamt 330 Linden säumten die Wege. Erst im späten 19. Jahrhundert wurde die Verwesung der Leichen mit ihren negativen Folgen durch eine Technisierung der Friedhöfe, etwa die Anlage von Drainagen, zunehmend kontrollierbar. Damit entstand eine noch heute übliche, dichtere Bepflanzung.

Abb. 16   Große Alleen kennzeichnen die neuen Friedhöfe des 19. Jahrhunderts wie hier die Hauptallee des neuen Domfriedhofs in Schleswig, angelegt 1868.

Abb. 17 Repräsentatives Eisen-gußgrabmal für Andreas Christian-sen († 1829) auf dem Alten Friedhof in Flensburg nach einem Entwurf Karl Friedrich Schinkels. Es handelt sich um einen Nachguß des Grab-mals für Prinz Leopold Victor Fried-rich von Hessen-Homburg, gefallen 1816 bei Lütern.

Abb. 18 Gußeisernes Grabmal mit Lorbeerkranz und Helm für Major Georg von Gerstenberg († 1830) auf dem Rendsburger Garnisonfried-hof. Der Friedhof besitzt eine Reihe hervorragender Eisengußgrabmale des frühen 19. Jahrhunderts.

Die klare Struktur der Friedhöfe erlaubte nun eine Numerierung der ein-zelnen Abteilungen, der Grabreihen und der einzelnen Gräber. Man konnte nun Ordnung schaffen in den oft genug noch chaotischen Verhältnissen des Bestattungswesens. Die konsequente Anwendung von Reihengräbern führte zu einer Geometrisierung der Friedhöfe, die nun in den einzelnen Grabfeldern durch kleine, rasterförmige Wege erschlossen wurden. So ent-stand eine Grundform der Friedhöfe, die für mehr als ein halbes Jahrhun-dert beherrschend sein sollte.

Wie sahen nun die einzelnen Gräber um 1800 und in den ersten Jahrzehnten des vorigen Jahrhunderts aus? Auch wenn die Quellen recht dürftig sind, kann man wohl von einem Einsetzen von Grabpflege und individueller Grabgestaltung ausgehen. Mit der Verlagerung der Friedhöfe nach außerhalb der Orte verlieren die Angehörigen mehr und mehr den alltäglichen Kontakt zu den Gräbern der Vorfahren. Es scheint, daß durch den Bruch religiöser Traditionen im Bestattungswesen in nachreformatorischer Zeit neue Formen und Gestalten einer Erinnerungskultur einsetzen und ihren Ausdruck in der Setzung repräsentativer Grabmale finden. Dabei darf allerdings nicht übersehen werden, daß die Möglichkeit zur Grabunterhaltung und -pflege und zur Grabgestaltung zunächst nur einer kleinen, wohlhabenden Bevölkerungsschicht vorbehalten war. Damit war aber auch eine Möglichkeit eröffnet, der mit der Französischen Revolution propagierten Egalisierung, die ihren Ausdruck in den eigentlich für alle Stände geltenden Reihenbestattungen gefunden hatte, zu entkommen. Recht schnell entstanden auf den Friedhöfen privilegierte Stätten und Grabfelder für gesellschaftlich führende Familien, die mit der Auflösung der alten Kirchhöfe ihre Grabgewölbe verloren hatten. Da die Betreiber der neuen Friedhöfe an hohen Einnahmen interessiert waren, bildete sich eine neue Hierarchie auf den Friedhöfen heraus, ein an bestimmte Grablagen gekoppeltes Sozialprestige. Dies spannende Kapitel kann hier nicht näher erläutert werden, ist aber wichtig für die weitere Entwicklung der Friedhöfe.

Landschaftsgärtnerische Einflüsse: Die Friedhöfe des 19. Jahrhunderts

Parallel zu den Auslagerungen von Friedhöfen aus den Städten setzte eine Diskussion um ihre Gestaltung ein. Bis weit ins 19. Jahrhundert behielten die meisten Friedhöfe ihre strenge, geometrische und recht schematische Form. Indes hatte sich die Art der Anlage von Gärten in den letzten Jahrzehnten des 18. Jahrhunderts stark verändert. Anstelle geometrischer, barock geprägter Gärten entstanden nun unter dem Einfluß englischer Landschaftskunst parkähnliche Anlagen, mustergültig in Deutschland verwirklicht ab 1764 im Park von Wörlitz bei Dessau. Bekanntestes Beispiel in unserem Lande für die Umwandlung eines als unmodern empfundenen, streng geordneten Gartens in eine scheinbar natürliche Landschaft ist der Eutiner Schloßgarten, angelegt unter Herzog Peter Friedrich Ludwig von Oldenburg in den 1790er Jahren. Die Entwicklung ist auf Friedhöfe nicht ohne weiteres übertragbar, denn als Gärten wurden sie im ausgehenden 18. Jahrhundert im allgemeinen noch nicht aufgefaßt. Doch in seiner „Theorie der Gartenkunst", erschienen in mehreren Bänden 1779 bis 1785, beschäftigt sich der Kieler Philosophieprofessors Christian Cay Lorenz Hirschfeld bereits in einem eigenen Abschnitt mit Friedhöfen.

Mit der Aufwertung einzelner Grabstätten auf den neuen Friedhöfen entstand der Wunsch, Friedhöfe insgesamt ansprechender zu gestalten; sie gewannen zunehmend an gesellschaftlicher Bedeutung: Ein melancholischer Ort des Verweilens und eine Möglichkeit des Spazierengehens sollten sie werden. Ästhetische Gesichtspunkte spielten jetzt zunehmend eine Rolle. Erster Schritt zur Auflockerung der strengen Ordnung war die Anlage von geschwungenen Wegen, zunächst beschränkt auf die umlaufenden Wege eines Friedhofs (sogenannte „beltwalks"), bevor sie immer mehr die Gestalt der Friedhöfe prägten. Als der erste europäische Friedhof, der im Stil eines englischen Landschaftsgartens angelegt wurde, gilt der neue, 1804 vor den Toren der Stadt angelegte Pariser Zentralfriedhof „Père Lachaise", der bei den Zeitgenossen einiges Aufsehen erregte und seine Faszination bis heute bewahren konnte. Der früheste in Deutschland realisierte Entwurf eines Parkfriedhofs ist der Braunschweiger Domfriedhof, umgestaltet bis 1835. In Schleswig-Holstein sollte erst 1867 mit dem neuen Kieler Südfriedhof ein konsequent landschaftlich gestalteter Friedhof entstehen. Einige andere wurden in Teilbereichen umgestaltet, wie etwa der Alte Friedhof in Flensburg. Mit der Friedhofsreform um die Jahrhundertwende entstanden bis noch in die jüngere Nachkriegszeit hinein Waldfriedhöfe, zum Beispiel in München, eröffnet 1907. In vorhandene Waldgebiete außerhalb der Städte wurden geschickt parkähnlich einzelne Familiengräber oder Grabreihen angelegt, auf kleinen Lichtungen auch kleinere Grabfelder. Ein schönes, aber spätes Beispiel ist der Waldfriedhof in Itzehoe.

Die meisten Städte und Kleinstädte hatten im Laufe der Jahrhunderte verschiedene „Jahresringe" an Friedhöfen angesetzt, die heute in einigen Städten wie beispielsweise in Wilster oder Glückstadt noch ablesbar sind: Im Kern der Kirchhof um die Pfarrkirche herum, im Laufe des 16./17. Jahrhunderts eine bescheidene neue Anlage noch innerhalb der alten Stadtmauern, heute dann meist als „Alte" Friedhöfe bezeichnet, und schließlich die „Neuen" Friedhöfe, ehemals außerhalb der Stadtmauern bzw. des Siedlungsgebietes, heute auch längst wieder eingeholt von der Bebauung. In Neumünster wurde der seit der Mitte des 12. Jahrhunderts bestehende Kirchhof um St. Vicelin mit dem Neubau der Kirche aufgehoben und 1813 ein neuer Friedhof eingeweiht, dort, wo sich heute die Ansgarkirche erhebt. Mit ihrem Bau wurde der Friedhof 1869 erneut verlegt und 1906 erweitert (Nordfriedhof), war bald aber wieder zu klein, so daß als letzter Jahresring 1928 der Südfriedhof hinzukam. In Flensburg war mit der Auflösung der Kirchhöfe der Friedhof an der Selckstraße entstanden (der „Alte Friedhof"), dann 1872 der Friedhof an der Mühlenstraße, schließlich der Friedhof am Friedenshügel, eingeweiht 1911. In Hamburg (wie auch in Wien) gab es mit der Anlage von Ohlsdorf die besondere Lösung in Form eines Zentralfriedhofs.

Die neuen Gesamtkunstwerke:
Die Zentralfriedhöfe des späten 19. Jahrhunderts

Der Kieler Südfriedhof markiert einen wichtigen Schritt der Friedhofsentwicklung in Schleswig-Holstein. Erstmals wurde hier ein Friedhof als landschaftliches Gesamtkunstwerk begriffen, in dem gärtnerische, technische, städtebauliche, landschaftsprägende und ästhetisch-gestalterische Gesichtspunkte vereint wurden. Seine noch konfessionell gebundene Anlage fällt in die Zeit der Zentralfriedhöfe, die in mehreren europäischen Großstädten außerhalb der ehemaligen Stadtmauern angelegt wurden, um die kleinen, verstreut liegenden Friedhofsanlagen des frühen 19. Jahrhunderts in meist unterschiedlicher Trägerschaft zu ersetzen. Gleichzeitig verstärken sich Tendenzen zu überkonfessionell konzipierten Anlagen in öffentlicher Verwaltung. Nicht unerwähnt bleiben sollen letztlich auch wieder hygienische Probleme innerhalb der Stadt, man denke an die große Choleraepidemie in Hamburg in den 1890er Jahren. Die gesamte Diskussion des späten 18. Jahrhunderts, der Zeit der Aufklärung, um eine Auslagerung von Friedhöfen aus innerstädtischen Wohnbereichen wiederholte sich in der zweiten Hälfte des 19. Jahrhunderts erneut.

Aber es sind nun auch andere Aspekte, die zu den neuen Friedhöfen führen. Großartigstes Beispiel in Deutschland ist der in mehreren Jahrzehnten auf über 400 ha angewachsene Ohlsdorfer Friedhof in Hamburg. Seine Anlage berücksichtigte natürliche Gegebenheiten wie Knicks, Kuhtränken, Bachläufe und Senken. Aber auch andere Elemente wie bronzezeitliche Grabhügel wurden in die Gestaltung integriert und ein Geologischer Hügel zu pädagogischen Zwecken angelegt. Sein Schöpfer und langjähriger Direktor, der Harburger Architekt Wilhelm Cordes, strebte eine Harmonie zwischen Kunst und Natur an, der landschaftlich gestaltete Friedhof „geweiht durch die Vereinigung von Kunst und Natur." Die Schönheit der Natur sollte die Trauernden mit dem unvermeidlichen Tod versöhnen: „Der Friedhof soll nicht eine Stätte der Todten und der Verwesung sein. Freundlich und lieblich soll alles dem Besucher entgegentreten und dadurch der Ort aus der umgebenden Landschaft herausgehoben und geweiht werden." – so Cordes in einem Friedhofsführer von 1897, und weiter: „In der richtigen malerischen Vereinigung von Architektur, Sculptur und Landschaftsgärtnerei liegt ein weiter Spielraum für die Phantasie und ein unerschöpfliches, freies Arbeitsfeld; und ein Friedhof, nach diesen Gesichtspunkten geleitet, könnte vorbildlich werden für das harmonische Zusammenwirken von Architektur, Sculptur und Landschaftsgärtnerei." Und natürlich war es auch ein Beerdigungsbetrieb, der funktionieren mußte, denn Ohlsdorf galt als technisches Wunderwerk, wurden doch hier modernste hygienische Gesichtspunkte berücksichtigt und verwirklicht. Es war zwar in den Augen Cordes' unvermeidlich, daß „*ein an und für sich schöner Park durch die fortschreitende Belegung mit Leichen wieder zerstört wird,*" aber es genügte eben nicht, „*ein Terrain mit schwungvollen Wegen, eleganten Erdbewegungen, schön gedachten Pflanzengruppen und stylvollen Arkaden und Capellenbauten zu versehen, wenn nicht die Bedürfnisse für den Beerdigungsbetrieb, die ganze Eigenart des Friedhofswesens hinein verwebt ist und als plangestaltend überall wirkt und sein Vorrecht erhalten hat.*" Der Ohlsdorfer Friedhof wurde zum Vorbild weiterer, zahlreicher Friedhöfe.

Lediglich in Kiel war mit dem bereits mehrfach erwähnten Südfriedhof bereits vor Hamburg 1867 eine landschaftlich geprägte Anlage entstanden. Eine natürliche Erhebung in der Nähe des Haupteingangs wurde mit zahlreichen Mausoleen bebaut, umgeben von unterirdischen Gruftanlagen, dem

Abb. 19   Ältere Luftaufnahme des 1911 eingeweihten Friedhofs am Friedenshügel in Flensburg, ein Entwurf Wilhelm Cordes'. Die Anlage ist eine Mischform zwischen noch waldähnlich gestalteten Grabfeldern mit geschwungenen Wegen und Grabfeldern mit bereits klaren Binnenstrukturen.

sogenannten Kapellenberg, einer kleinen Totenstadt als Mikrokosmos des wirklichen Lebens. Schlängelwege, Rundwege, den beltwalks der englisch geprägten Parks nicht unähnlich, und unregelmäßige Grabfelder prägen die mit alten Bäumen durchstandene Anlage, die immer wieder reizvolle Durchblicke gestatten. Der Eichhof-Friedhof in Kronshagen ist ein weiteres Beispiel aus Schleswig-Holstein, angelegt 1900. Cordes selbst schuf in Flensburg noch nach diesem Prinzip recht spät den neuen Friedhof am Friedenshügel. Er griff das Prinzip der Quartiere mit geschlängelten Wegen und Rondells mit Kapellen auf, was allerdings bereits 1911 als veraltet galt und entsprechende Kritik hervorrief.

Die großen landschaftlich gestalteten Friedhöfe waren eine Erscheinung der Städte. Im ländlich geprägten Schleswig-Holstein setzten sich nur einzelne Elemente bei der Umwandlung bestehender Friedhöfe durch, wie beim Alten Friedhof in Flensburg, oder bei der Erweiterung bestehender Anlagen. In der Regel wurden die vorhandenen Begräbnisplätze beibehalten.

Friedhofsreformen des 20. Jahrhunderts

Mit den Anlagen der neuen Zentralfriedhöfe war bewußt geworden, wie trist und öde die Masse der vorhandenen anderen Friedhöfe eigentlich immer noch aussah. Rechtwinkelige Wegenetze, ein Konglomerat unterschiedlichster Grabmale, langweilige Grabreihen und zu dichte Belegung vermittelten einen trostlosen Eindruck. Zudem waren zahlreiche kleinere Fried- und Kirchhöfe regelrecht verwildert und vernachlässigt, auch in Schleswig-Holstein. Unter diesem Eindruck entstanden zahlreiche Initiativen, deren Aktivitäten die Friedhofs- aber vor allem die Grabmalästhetik der ersten Jahrzehnte des 20. Jahrhunderts – zusammen mit der Heimatschutzbewegung – entscheidend beeinflussen sollte, und schließlich 1921 in die Gründung des Reichsausschusses für Friedhof und Denkmal e.V. mündete. Verstärkter Individualismus, der sich in pompösen Grabmonumenten reicher Oberschichten austobte, die als unangemessen empfundenen Grabmalgestaltungen mit geätzten Glasplatten, künstlichen Baumstümpfen und Felsen und anderer, industriell gefertigter Massenware – dies alles geriet in die Kritik. Man bot auf zahlreichen Ausstellungen und in Publikationen Alternativen an. Handwerkskunst wurde – sicherlich auch auf Druck der Steinmetzinnungen – wieder propagiert und damit die Förderung handwerklicher Betriebe, und vor allem natürliche Materialien. Kunststein wurde ebenso abgelehnt wie galvanoplastische Grabmale oder wächsener oder porzelanener Grabschmuck; gefragt waren regionale Vielfalt und handwerkliche Unikate als persönliche Grabmale. Für die einzelnen Fried-

Abb. 20   Einfache Kreuzgrabmale und teilweise industriell gefertigte Massenware beherrschen die Kirchhöfe im ersten Viertel des 20. Jahrhunderts. Die Aufnahme aus dem Jahre 1928 zeigt den Kirchhof in Krummesse.

höfe wurden in der Folgezeit strenge Grabmalvorschriften eingeführt, um Größe, Material, Farbe und Art der Bearbeitung festzulegen, meist differenziert für einzelne Grabfelder, oft sogar für einzelne Grabreihen.

Die Umkehr, die die Reformen in den 1920er Jahren mit sich brachten, ist nur vor dem Hintergrund sozialer und wirtschaftlicher Umbrüche nach dem Ende des wilhelminischen Kaiserreiches verständlich. Waren vor dem Krieg die Natürlichkeit und Integration der Grabmale in die landschaftliche Umgebung parkähnlicher Friedhöfe gefordert, wurde nun deren Unübersichtlichkeit geradezu beklagt und eine klarere Struktur gewünscht. Zweck und Erscheinung des Friedhofs sollten übereinstimmen. Anstelle der Vielfalt rückte nun eine stärkere Typisierung der Grabmale in den Vordergrund, die die Auffindbarkeit der Gräber gewährleisten sollte. Das Einzelgrab wurde damit Teil eines Gesamtorganismus, dem sich letztlich auch die

Grabbepflanzung unterzuordnen hatte. Gestalterisch fanden die Reformer dabei zu geometrischen Formen zurück: einzelne Grabfelder erhielten wieder rechteckige oder quadratische Formen, und wurden von meist niedrigen Buchenhecken umgeben. Die Bepflanzungen konnten zur besseren Auffindbarkeit der Quartiere (nicht der Grabmale) variieren. Bekannteste Beispiele für Reformfriedhöfe sind in Norddeutschland die westliche Erweiterung des Ohlsdorfer Friedhofs durch Direktor Otto Linne ab 1919/20 und die Anlage in Bremen-Osterholz. Die Nationalsozialisten griffen die vereinheitlichenden Tendenzen nur zu gerne auf, um in ihrem Sinne den Gedanken der „Volksgemeinschaft" stärker als bisher zum Ausdruck zu bringen. Eine Folge der Reform war eine Bürokratisierung der Friedhofskultur, die sich bis in die heutige Zeit in zahlreichen Grabvorschriften auswirkt. Gegenwärtig veröden die Friedhöfe allerdings erneut. Mangelnde Pflege und die zunehmende Aufgabe von Familiengräbern mit ihren Grabmalen zugunsten kleinerer Grabflächen für Urnenbestattungen mit lediglich einer kleinen Liegeplatte oder einem Kissenstein verändern die Friedhöfe nachhaltig.

Die Feuerbestattungen

Seit dem 18. Jahrhundert rückte die Feuerbestattung stärker ins Bewußtsein, wurde aber lange nicht Allgemeingut. Zwar kam es immer wieder zu spektakulären Einäscherungen, aber eine systematische Entwicklung setzte erst mit dem Bau des ersten Krematoriums auf deutschem Boden und mit dem Aufkommen von Feuerbestattungsbewegungen und -vereinen ein. 1878 wurde in Gotha die erste Leiche in einem Krematorium verbrannt, eine Handlung, die in der Folgezeit u.a. zweierlei bewirkte: Einmal wurde durch die Feuerbestattung die Entsorgung der Leichen in hochtechnisierten Apparaten anonymisiert, auf der anderen Seite war die Möglichkeit zu effektiveren Ausnutzung der oft knappen Friedhofsflächen gegeben. Wie in Gotha waren auch die folgenden Krematorien in Heidelberg 1891 und in Hamburg 1892 noch privat betrieben. Nach langem Ringen konnte sich schließlich die Feuerbestattung durchsetzen, und 1910 gab es bereits 20 Krematorien. Für die Friedhofsgestaltung bedeutete dies eine Änderung in der Grabfeldgestaltung. Wurden zunächst kleine Urnenfriedhöfe wie 1901 bis 1904 in Ohlsdorf oder Urnenhaine und Kolumbarien in den Friedhöfen angelegt, mischten sich bald Erd- und Feuerbestattungen. Erst die Reformen der 1920er Jahre führten zu künstlerisch gestalteten sogenannten Aschengrabgärten, eigens für kleine Aschengräber konzipierten Anlagen, so zum Beispiel dem kleinen Urnenhain auf dem Flensburger Mühlenfriedhof.

Jüdische Friedhöfe

In Schleswig-Holstein entstanden gegen Ende des 16. Jahrhunderts die ersten jüdischen Gemeinden. Neue Wirtschaftformen verlangten nach einem Auf- und Ausbau eines Banken- und Kreditsystems, in dem jüdische Kaufleute, da für sie nicht das christliche Zinsverbot galt, im Leih- und Wechselgeschäft tätig wurden. Wie anderen politisch verfolgten Religionsgemeinschaften konnten Juden sich in bestimmten Gemeinden ansiedeln bzw. wurden von einzelnen Landesherrn ins Land geholt. Die älteste Gemeinde entstand 1584 in Altona, kurz danach in Wandsbek. Im heutigen Schleswig-Holstein datiert die erste Niederlassung um 1640 in Friedrichstadt, gefolgt 1656 von Moisling, heute Teil der Stadt Lübeck. Weitere Gemeinden entstanden in Elmshorn, Rendsburg, Kiel, Burg auf Fehmarn, Segeberg, Schleswig und Ahrensburg, Orten, in denen es zum Teil noch heute kleine jüdische Friedhöfe gibt. In traditionell judenfeindlicher christlicher Umgebung waren die ersten Niederlassungen schwierig, die Berufswahl und die Religionsausübung oft stark eingeschränkt. Wo mindestens zehn erwachsene Juden zusammenlebten, konnte eine Kultusgemeinde entstehen, zu der zwingend eine Synagoge oder Betstube, ein rituelles Bad, die Mikwe, und ein Friedhof gehörten.

Die jüdische Bestattungstradition unterscheidet sich erheblich von der christlichen. Der Friedhof ist ein geschützter Raum, der durch eine Umfriedung gekennzeichnet sein muß, meist eine hohe Mauer wie etwa beim kleinen Friedhof in Kiel an der Michelsenstraße. Die Umgrenzung trennt den Friedhof, der kultisch als unrein gilt, von der Welt der Lebenden und bewahrt die Gräber vor Störungen. Gleichwohl achtet man den Ort und die Ruhe der Verstorbenen. Ein Zeichen der Ehrerbietung ist die Pflicht der Männer, die Friedhöfe, die an Feiertagen und am Sabbat (Samstag) geschlossen sind, nur mit Kopfbedeckung zu betreten – eine Vorschrift, die auch Nichtjuden beim Betreten der jüdischen Friedhöfe selbstverständlich beachten sollten. Für Juden ist die ungestörte und unbegrenzte Ruhe der Verstorbenen wichtig, daher gibt es keine begrenzten Ruhezeiten oder die Sitte, Gräber mehrmals zu belegen oder ein Grab zu öffnen. Ein einmal angelegtes Grab gilt für ewige Zeiten, gilt als Eigentum der hier Ruhenden, deshalb besteht ein Friedhof ewig und darf nicht aufgehoben werden. Nach dem Brauch wird der Leib der Verstorbenen der Erde zurückgegeben, die ihn aufnimmt. Aus einem Friedhof darf nach orthodoxem Ritus kein Lebender einen Nutzen ziehen, daher finden wir in der Regel weder Blumenschmuck noch Bepflanzungen auf den Gräbern; Besucher legen als Erinne-

Abb. 21   Jüdischer Friedhof in Westerrönfeld bei Rendsburg, angelegt 1692.

Abb. 22 Grabstein eines sephardi-
schen Juden, wohl noch aus dem 17.
Jahrhundert, auf dem Friedhof in
Glückstadt, angelegt 1622. Wäh-
rend des Krieges waren die Platten
am Rand des Friedhofs gestapelt. Sie
wurden erst nach 1945 neu geordnet.

Abb. 23 Barocke Grabstele auf
dem Neuen Friedhof in Wilster. Das
um 1620/30 entstandene, mit hoch-
ovaler Rollwerkkartusche verzierte
Grabmal zeigt als Hauptmotiv ein
Auferstehungsrelief. Der Stein wur-
de 1701 wiederverwendet und neu
beschriftet. Es ist vermutlich ein
Werk des Bildhauers Jürgen Heit-
mann d. J. aus Wilster.

rung kleine Steine auf das Grabmal. Da eine Grabpflege und damit auch eine
Pflege der Grabmale selbst nicht gestattet wird bzw. nicht üblich ist, ver-
wildern die Friedhöfe recht schnell, Grabmale kippen um oder versinken im
Boden. Meist wachsen die Bäume ungehindert zwischen den Gräbern und
lassen einen waldähnlichen Eindruck entstehen. Es sollte dabei nicht auf
eine Vernachlässigung in der Trauer um verstorbene Gemeindeglieder geschlossen werden, denn gerade Juden besitzen eine besondere Bindung an
vorausgegangene Generationen. Die Zugehörigkeit zum Volk, dessen Ah-
nen bis zu Abraham als Stammvater zurückreichen, konstituiert die reli-

giöse Identität und die Hoffnung auf zukünftige messianische Zeiten. In der Verehrung der Verstorbenen liegt die Hoffnung auf Gleiches durch kommende Generationen.

In der Zeit der Aufklärung änderten sich die Lebensbedingungen der Juden, kamen Reformbewegungen auf, in deren Folge Gemeinden entstanden, die den mosaischen Glauben als dem christlichen Bekenntnis ebenbürtig und gleichberechtigt ansahen, während orthodoxe Juden in den Assimilationsbestrebungen eine Selbstaufgabe des Judentums verstanden. War die Gleichberechtigung in Preußen 1812 und in Dänemark 1813 eingeführt, scheiterte in den schleswig-holsteinischen Herzogtümern eine Reform zunächst mit dem Ende der Revolutionsbewegung von 1848. Erst 1854 in Schleswig und dann 1863 in Holstein erhielten Juden Berufs- und Niederlassungsfreiheit, so daß sich auch auf den Friedhöfen mehr und mehr Gräber anderer als der ortsansässigen Gemeindeglieder befanden. In der Blütezeit des Deutschen Reiches, der Gründerzeit, siedelten Juden vermehrt an wirtschaftlich attraktiveren Orten, so daß kleine Gemeinden wie Glückstadt oder Moisling eingingen, Gemeinden in Kiel oder Altona hingegen aufblühten.

Infolge der Reformen wandelten sich in der zweiten Hälfte des 19. Jahrhunderts auch die Gesichter der Friedhöfe. Waren bis dahin rein hebräisch beschriftete Grabmale üblich, stehen nun mehr und mehr lateinische neben hebräischen Inschriften, oft die einen auf der Vorder- die andere auf der Rückseite der Steine. Mit zunehmender Assimilation gingen mehr und mehr jüdische Traditionen verloren. Die älteren, orthodox gestalteten und oft aufwendig ornamentierten Grabmale noch barocker Tradition wurden abgelöst durch Standardformen, wie sie auch auf den übrigen Friedhöfen üblich waren, Stelen, Obeliske. Die Entwicklung der Grabmale kann am besten auf dem kleinen Friedhof in Westerrönfeld bei Rendsburg abgelesen werden.

Die Entwicklung der Grabmale

Waren im Mittelalter auf den Kirchhöfen selten Grabzeichen zur Kennzeichnung der Grablagen verwendet worden – am ehesten in Form von Abdeckplatten zum Schutz der Gräber vor Grabräubern und Tieren –, entwickelte sich bei den geschützten Grablagen innerhalb der Kirchenräume bald eine Tradition prachtvoller Gestaltung von Gruftplatten. Sie waren im Kirchenboden eingelassen und damit begehbar. Neben der reinen, oft kunstvoll angeordneten Schrift waren es die Eck- und Zwickelbereiche, die mit kleinen Motiven geschmückt wurden; es gab aber auch umlaufende Muster und Zierbänder. Zahlreiche, vor allem aus dem 17. und frühen 18. Jahr-

Geographisches Institut der Universität Kiel

hundert stammende Platten sind erhalten, heute meist aus Schutz vor weiterer Beschädigung an den Kirchenwänden, innen wie außen, aufgestellt.

Eine parallele Entwicklung setzte bereits in der zweiten Hälfte des 17. Jahrhunderts mit der Aufstellung von mannshohen und oft sehr dicken Grabplatten in Stelenform auf den Kirchhöfen der westlichen Küstenbereiche ein, die die schlichten Kreuze verdrängten. Teilweise handelt es sich bei diesen monumentalen Sandsteinen allerdings um bremische Importe, wie etwa in Wilster, heute auf dem Neuen Friedhof museal präsentiert. Daneben begann bald auch eine starke heimische Produktion. So befinden sich zum Teil monumentale Grabstelen des 17. und frühen 18. Jahrhunderts auf zahlreichen Kirchhöfen im Wilstermarschgebiet an der Unterelbe, einem damals wohlhabenden Bauernland. Die schönsten Beispiele finden sich in Wewelsfleth, wohl Hauptproduktionsort der Grabstelen. Charakteristisch ist ihre dreiteilige Form mit geschweiftem, für ein Relief vorgesehenem und durch Figuren oder Fruchtzapfen bekröntem Abschluß. Weitere sehenswerte Stücke stehen an den Kirchen in St. Margarethen, Brokdorf, Beidenfleth, Borsfleth und Brunsbüttel. Außergewöhnliche, wenn auch anders gestaltete Stücke finden sich zudem auf den Kirchhöfen der nordfriesischen Inseln, auf Sylt, Föhr oder Amrum, bedeutendster Bestand barocker Grabmale im Lande. Dies ist sicher kein Zufall, konnten doch die begehrten Sandsteinplatten – wenn sie nicht ausdrücklich als Grabmale importiert wurden – als Ballast in den Schiffen relativ einfach importiert werden. Eine Besonderheit bilden die Geschlechterplatten in Lunden, teilweise bereits aus dem 16. Jahrhundert. Es darf aber nicht vergessen werden, daß die Masse der Gräber weiterhin recht schlicht mit einfachen Holzkreuzen geschmückt waren, deren Vergänglichkeit uns heute kaum Überliefertes bietet.

Die Reformation und dann die Zeit der Aufklärung brachten eine Umkehr in der inhaltlichen Gestaltung der Grabmale und vor allem in der Auffassung des Dargestellten. Es waren allerdings keine rasanten Veränderungen, sondern allmähliche Entwicklungen. Indem Tod und Bestattung nun primär als Angelegenheit der trauernden Hinterbliebenen angesehen wurden, fanden seit dem späten 16. Jahrhundert reich gestaltete Grabmale sozusagen ihr Publikum. Das Grabmal wurde mehr und mehr zum Denkmal für die Verstorbenen und diente der Repräsentation der Hinterbliebenen in ihrem gesellschaftlichen Umfeld; soziale Kontrolle schloß die Friedhöfe und die Gestaltung der Grabmale mit ein. Bürgerliches Selbstbewußtsein, Stolz auf erreichte Lebensleistungen, Mitteilungs- und Überlieferungsbedürfnis ließen eine Sepulkralkultur entstehen, die sich dann seit der Zeit der Aufklärung an klassischen Grabmaltypen orientierte.

Die Rezeption antiker Motive in der Sepulkralkunst wurde wesentlich gefördert durch Gotthold Ephraim Lessings 1769 erschienene Schrift „Wie die Alten den Tod gebildet" und Winckelmanns kurz danach publiziertes,

 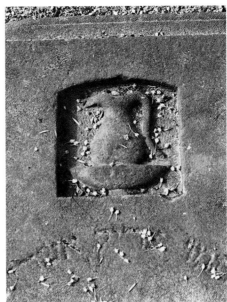

Abb. 24 Totenschädel, gekreuzte Knochen und ablaufende Sanduhr: Todessymbole auf einem Grabstein auf dem jüdischen Friedhof in Glückstadt.

Abb. 25 Schale mit Kanne als Zeichen der Abstammung von Leviten auf einem Grabstein auf dem jüdischen Friedhof in Glückstadt.

einflußreiches Werk „Geschichte der Kunst des Altertums". Nicht mehr christliche Vorstellungen von den Schrecken des Todes – dargestellt durch Sensenmänner, Golgathaschädel und Totenskelette – beherrschten die Szene, sondern Bruder Tod als sanfter Schlaf mit seinen symbolischen Motiven und Darstellungen. Entsprechend wurden klarere Grabmalumrisse mit kahlen Flächen und geometrischen, kubischen Grundformen bevorzugt, keine barock verschnörkelten Konturen, keine Verzierungen mit Kartuschen, Ranken, Voluten, Bändern und Schleifen. Stele, Obelisk, Pfeiler, Zippus, Urne, Säule und vor allem architektonisch gestaltete Grabmale, meist portalähnliche Ädikulen, wurden die bevorzugten Grabmalformen und -typen. Mit der zunehmenden Umwandlung der schlicht und streng gestalteten Friedhöfe nach den Prinzipien der landschaftlich gestalteten Gärten im späten 19. Jahrhundert wird der Wunsch nach adäquaten Grabmalen laut. Zu Ende des 19. Jahrhunderts erschien eine ganze Reihe neuer Formen, die sich an die malerische Gestaltung der Wegeführung, die Anlage von waldähnlichen Friedhofsteilen oder die nun üppigere Bepflanzung anpaßten:

grottenartig behauene oder felsartige Grabmale, Findlinge in allen Größen und roh behauene Kreuze. Erst die Grabmalreform zu Beginn des 20. Jahrhunderts reduziert die Grabmaltypen auf in der Regel Stelen und Pfeiler. Mit dem Ende des 18. Jahrhunderts werden christliche Themen an Grabmalen, die weitgehend ihre Gestaltung über mehr als hundert Jahre bestimmt hatten, seltener, Totenschädel und biblische Szenen weichen Trauerfiguren und antikisierenden Trauerszenen, eine Emanzipation von christlichen Dogmen in der Zeit der Aufklärung. Generell sind aber die Grabmale der neuen Friedhöfe des frühen 19. Jahrhunderts weiterhin relativ schmucklos, wenn auch die Verwendung standardisierter Symbolik bei klassizistischen Grabmaltypen stetig zunimmt. Erst im Laufe der zweiten Hälfte des 19. Jahrhunderts, durchaus eine Folge der industriellen Fertigung einzelner Produkte, nimmt die Vielfalt des figürlichen und plastischen Grabmalschmucks zu. Durch Verfielfältigungsverfahren – Steinguß oder Galvanoplastik – gelang es zudem, billige Massenware anzubieten, die allerdings inzwischen nahezu vollkommen von den ländlichen Friedhöfen verschwunden, auf den größeren städtischen aber durchaus noch anzutreffen ist.

Neben plastischem Schmuck oder einer Gestaltung durch ausgewogene Schrift gehören Symbole zur Grabmalgestaltung. Bei einigen Grabmalen ist die gewählte Form selbst Symbol: Der Felsen oder Findling mit seiner altgermanischen Aura symbolisiert Standhaftigkeit, Verläßlichkeit, Festigkeit und Treue im Glauben; das Ädikulagrab in seiner architektonischen Form eines Portales ein Tor zur Unsterblichkeit, die Türe zum Paradies; die abgebrochene Säule oder der Baumstumpf das unvollendete Leben und ruinenartige Tempelarchitektur die Vergänglichkeit des Lebens. Das freistehende hohe Kreuz als christliches Zeichen weist auf Passion und Auferstehung Christi, auf eine Hoffnung auf ein Leben nach dem Tod. Die meisten Grabmale sind hingegen nur mit einzelnen Symbolen geschmückt, deren Bedeutung sich dem heutigen Betrachter oft entzieht. Lediglich einige Pflanzen wie beispielsweise die Rose oder Ähren werden heute noch oft verwendet und verstanden. Vor allem die aus der antiken Mythologie stammenden Motive sind in ihrer Symbolkraft fremd geworden. Es sind dies Todes- und Ewigkeitssymbole wie Schmetterlinge, Schlangen, geflügelte Sanduhren, verlöschende Fackeln, Totenschädel oder die untergehende Sonne. Bei den Pflanzensymbolen herrschen Lorbeer, Efeu, Palmzweige, Weinlaub, Ähren, Rosen und Lilien vor, abgeknickt zugleich Symbol für ein zu früh beendetes Leben. Vor allem in der ersten Hälfte des 20. Jahrhunderts nehmen profane Symbole zu: Handwerks- und Berufszeichen, Wappen, Hoheits- und Ehrenzeichen, aber auch ganz individuelle Darstellungen dessen, was im Leben lieb und teuer war. Die klassischen christlichen Symbole wie Kreuz, Herz und Anker, das kreuztragende Lamm Gottes oder die Taube werden hingegen zu allen Zeiten verwendet.

Friedhöfe in Schleswig-Holstein

Der Kirchhof in Bosau

Bosau bei Plön ist kirchengeschichtlich einer der wichtigsten Orte im Lande, eine Gründung des Missionars Vicelin, der 1149 zum Oberhirten des erneuerten Bistums Oldenburg eingesetzt wurde. Es ist der erste kirchliche Brückenkopf des kolonisatorisch und missionarisch noch unerschlossenen wendischen Gebietes gewesen. Hauptsächlich im Osten und Norden der kleinen Kirche erstreckt sich der heute fast kreisrunde Kirchhof mit seinem Lindenkranz, nach Osten und zum Plöner See hin in zwei Schritten erweitert um einen halbkreisförmigen, ebenfalls baumumstandenen und etwas tiefer liegenden Teil. Noch bis 1881 reichte der See im Norden bis etwa 20 Meter an die Kirche heran, so daß für die Erweiterung das Gelände erhöht werden mußte. Abbildungen des späten 19. Jahrhunderts zeigen noch einen

Abb. 26   Blick über den Kirchhof in Bosau auf den Plöner See.

recht vernachlässigten und verwilderten Friedhof mit zahlreichen, zum Teil aufwendig gestalteten Gußeisenkreuzen, deren Reste heute im Süden der Kirche zu einem kleinen musealen Bereich zusammengestellt sind. Nach der gründlichen Wiederherstellung und einer Anordnung der Gräber in Reihen existieren heute allerdings kaum noch ältere Grabmale. Vom Friedhof aus, der direkt am Seeufer liegt, bietet sich ein herrlicher Blick auf die Stadt Plön mit Schloß und Stadtkirche.

Der ehemalige Kirchhof in Brunsbüttel

Die Anlage des regelmäßig angelegten, rechteckigen Kirchhofs hängt eng mit der Stadtgeschichte Brunsbüttels zusammen. Ursprünglich lag der mittelalterliche Hafenort direkt an der Elbe, mußte aber im 17. Jahrhundert aufgegeben werden, da der Strom sein Bett verlagert hatte. 1675 wurde ein Ersatz für den alten Ort nach einem einheitlichem Plan geschaffen. Bereits 1654 hatte man landeinwärts einen neuen, von einer Graft umzogenen Friedhof angelegt. Dazu diente ein Gelände, das der Gemeinde bereits 1552 testamentarisch für diesen Zweck übermacht worden war. Von diesem mit holländischen Ulmen bepflanzten Rechteck ausgehend steckte der Schulmeister Johann Boye nun den neuen Stadtgrundriß ab, der in seiner Rechtwinkligkeit und Ausrichtung von Nordwesten nach Südosten durch das damals bereits vorhandene Entwässerungssystem der Marsch bestimmt wurde. Auf dem Kirchhof entstand 1677/78 eine neue Kirche nach Plänen Daniel Sommers aus Stade, nach einem Brand 1719 erneuert. Der relativ große, aber inzwischen aufgelassene Kirchhof wird heute von Reihen jüngerer Linden gerahmt. Ältere Grabmale sind bis auf ein Kriegerdenkmal nicht mehr vorhanden; lediglich an der Chorwand sind einige reich gestaltete Barockstelen aus der zweiten Hälfte des 17. Jahrhunderts aufgestellt, wohl noch vom alten Friedhof nach hier versetzt. Der Brunsbüttler Kirchhof ist das einzige Beispiel im Lande, wo die Größe und Form eines Friedhofs den Stadtgrundriß bestimmte.

Der Friedhof in Burg/Dithmarschen

In geschickter Ausnutzung des in Burg steil abfallenden Geesthanges wurde bereits im 9. Jahrhundert eine sächsische Volksburg angelegt, die sich im frühen 12. Jahrhundert bei Obotriteneinfällen bewährte. Der vier bis fünf Meter hohe Ringwall, die sog. Bökelnburg, mit einem Durchmesser von etwa einhundert Metern gilt als der am besten erhaltene im Lande, heute mit mächtigen Eichen umstanden. 1817 wurde in geschickter Ausnutzung der

Abb. 27   In Burg/Dithmarschen wurde bei der Anlage des Friedhofs innerhalb eines Ringwalls des 12. Jahrhunderts 1817 ein Tor- und Leichenhaus errichtet, das gleichzeitig Kapellenfunktion übernahm.

vorgegebenen Struktur der gesamte Innenbereich zu einem kleinen neuen Friedhof der Gemeinde umgestaltet. Im gleichen Jahr wurde die Öffnung des Walls zum Steilhang mit einem weißgeschlemmten Backsteinbau geschlossen, einer Friedhofskapelle, die gleichzeitig Torfunktion wahrnimmt. Zum Friedhof führt ein sich um den Ringwall herumschlängelnder Weg; den Eingang an der Straße verschließt ein bescheidenes schmiedeeisernes Tor. Die Belegung mit Gräbern ist situationsbedingt sehr eng und verschachtelt; lediglich ein breiterer Hauptweg teilt den Friedhof in zwei halbkreisförmige Segmente. Aus der Zeit der Anlage des Friedhofs haben sich nur wenige Grabmale erhalten. Drei der sehr schmalen, hohen und für die Zeit typischen Stelen wurden beim Eingang aufgestellt.

Der Kirchhof in Burg auf Fehmarn

Der Ort Burg liegt an einem s-förmigen, langen Hauptstraßenzug in nord-südlicher Richtung mit zwei Siedlungskernen, dem angerartigen Markt mit seinem freistehenden Rathaus und dem Kirchenhügel auf einer erhöhten Bodenwelle im Norden mit der Nikolaikirche, errichtet seit dem 2. Viertel des 13. Jahrhunderts. Rund um den dreischiffigen Bau mit seinem mächtigen, die Stadtsilhouette beherrschenden, 1513 vollendeten Westturm liegt der Kirchhof mit seiner Erweiterung innerhalb eines beeindruckenden, vollständig geschlossenen hohen Baumkranzes. Wegen der erhöhten Lage konnte man auf eine Einzäunung oder einen Wall des Kirchhofs zugunsten einer hohen Böschungsmauer aus behauenen Feldsteinen verzichten. Der

Abb. 28   Kirchhof in Burg auf Fehmarn.

im Kern noch mittelalterliche Kirchhof ist 1845/46 nach Westen auf leicht abfallendem und aufgeschüttetem Gelände erweitert und dabei systematisch umgestaltet worden. Dabei wurde das alte Friedhofportal abgebrochen und der Lindenkranz angelegt. Ein Hauptweg in der Achse des Westturms und zwei schmale Querwege teilen mit ihrem Wegekreuz den Bereich zeittypisch in mehrere, etwa gleichgroße Grabfelder. Ältere Grabmale haben sich nur vereinzelt erhalten, beim Chor aufgestellt einige Propstengrabmale.

Der Friedhof am Mühlenberg in Eckernförde

Im Nordosten der Stadt liegt auf einer Anhöhe hoch über der Eckernförder Bucht der Mühlenbergfriedhof, dort, wo früher eine Bockmühle stand. Seine Entstehung geht auf einen Beschluß der evangelischen Gemeinde von 1815 zurück, die sich nach Drängen von Regierung und Sanitätskollegium auf Schließung des Kirchhofs rund um die spätmittelalterliche Nikolaikirche entschloß, eine Koppel für die Anlage eines neuen Friedhofs außerhalb der Stadt an der Schleswiger Landstraße anzukaufen. Planierungsarbeiten, Einfriedung und Bepflanzung wurden einem nicht näher bekannten Leutnant Müller übertragen. 1827 wurde der ummauerte Friedhof eröffnet. Wie die meisten Friedhöfe der Zeit besteht er aus vier nahezu gleichgroßen Grabfeldern mit Wegekreuz, im Norden ehemals ein kleines Haus für den Totengräber. Im Zuge einer ersten Erweiterung des Friedhofs nach Nordwesten 1878 (die zweite folgte 1898) wurde es 1885 durch eine kleine, neugotische Kapelle nach Entwurf des Direktors der Baugewerbeschule Spetzler ersetzt. Charakteristisch für den Friedhof ist das prächtige Alleenkreuz aus Linden an den Hauptwegen, in dessen rondellartig erweiterten Mitte 1827 ein von der Totengilde gestifteter Obelisk steht. Zahlreiche Gedenkstätten erinnern an die Opfer der deutsch-dänischen Kriege.

Der Friedhof an der Plöner Straße in Eutin

Durch jahrhundertlange Bestattung war das eng umbaute Kirchhofsgelände rund um die mittelalterliche Michaeliskirche in Eutin stetig angewachsen, so daß schließlich – wie Zeitgenossen berichten – das Regenwasser in die Kirche floß. Auch eine 1730 erfolgte Pflasterung der Fläche, auf der sich zudem Vieh aufhielt, brachte keine Abhilfe. Nachdem auch die hygienischen Verhältnisse auf dem kleinen, viel zu engen Kirchhof unhaltbar geworden waren, ordnete Fürstbischof Friedrich August 1783 eine Verlegung der Begräbnisstätte nach außerhalb der Stadt an, entlang der Landstraße nach

Plön. Mit der Ausführung wurde der damalige Hofgärtner Daniel Rastedt (1761–1836) beauftragt, Schöpfer des englischen Schloßgartens in Eutin. 1786 erfolgte die erste Bestattung. Rastedt sollte schließlich wie viele andere Prominente des Eutiner Hofes und seines Umkreises hier seine letzte Ruhe finden.

Der Gärtner legte zwar einen damals üblichen regelmäßigen rechteckigen Friedhof an, der von einem Hauptwegekreuz in vier große Felder und kleineren Wegen in weitere Quartiere unterteilt wurde, schuf aber mit geschickt gewählter Bepflanzung dennoch einen gartenähnlichen Charakter. Die Seiten wurden mit Lindenreihen bepflanzt, während auf der Rückseite ein steil abfallendes Gelände den Friedhof zusätzlich auf natürliche Weise begrenzte. An der Südseite wurde er 1900 erweitert, später dann auch im Westen. Die älteren Familiengräber aus der Entstehungszeit sind mit großen Liegeplatten gekennzeichnet, einige Steine museal beim Eingang aufgestellt. Ursprünglich existierte auch ein Beinhaus. Der Eutiner Friedhof gehört zu den frühen Anlagen der Aufklärung des ausgehenden 18. Jahrhunderts.

Der Alte Friedhof in Flensburg

Mit den Rufen nach Reformen des Bestattungswesens im ausgehenden 18. Jahrhundert wurde in Flensburg eine Kommission mit der Planung beauftragt, einen neuen Friedhof außerhalb des besiedelten Gebietes anzulegen. 1810 konnte mit dem Bau des Friedhofs an der Selckstraße, auf der westlichen Anhöhe der Stadt zwischen den ausgedehnten Gartenanlagen der angesehenen Kaufmannsfamilien Stuhr und Christiansen begonnen werden. Es ist der erste Begräbnisplatz in kommunaler Trägerschaft in Norddeutschland und von daher von hoher historischer Bedeutung. Für die neue Anlage mußten Wälle abgetragen, Gräben verfüllt und Reste von Schanzen aus dem 15. Jahrhundert beseitigt werden. Die Pläne des Friedhofs gehen auf Entwürfe des Architekten Axel Bundsen zurück, die gärtnerische Gestaltung lag in den Händen von Vollert Heinrich Munderloh. Mit der Einweihung von Friedhof und Kapelle 1813 begannen die Bestattungen. Zur Entlastung des relativ kleinen Geländes war bereits 1872 der Mühlenfriedhof angelegt worden, mit dessen Umgestaltung 1906/07 der alte Friedhof eigentlich geschlossen werden sollte. Wegen zahlreich existierender Erbbegräbnisse fanden allerdings Bestattungen noch bis in die Mitte der 1950er Jahre statt. Danach wurden zahlreiche Grabmale, die man damals für weniger wert erachtete, entfernt, so daß heute der erhaltene Bestand der klassizistischen Grabmale die Erscheinung des parkähnlichen Friedhofs bestimmt.

Das langgestreckte Areal von tropfenförmigem Umriß erstreckt sich in

Abb. 29   Friedhofskapelle auf dem Alten Friedhof in Flensburg, errichtet 1810–1813 nach Entwurf von Axel Bundsen.

Nord-Süd-Richtung. Der Friedhof ist in vier hintereinanderliegende Felder oder Quartiere aufgeteilt, da eine damals übliche Vier-Feld-Teilung mit Mittelrondell wegen des schmalen Geländes nicht möglich war. Im Süden liegt Quartier I vor allem mit Gräbern der Gefallenen der Kriege von 1848/50 und 1864. Nördlich davon wurde 1862 das dänische Siegesdenkmal, der sog. Idstedt-Löwe aufgestellt, ein Bronzebildwerk des Thorvaldsen-Schülers Hermann Wilhelm Bissen, heute in Kopenhagen. In diesem Bereich wurden die älteren Grabreihen bei einer Umgestaltung 1909 aufgegeben und geschwungene Wege angelegt. Während das II. Quartier nahezu frei von Grabstellen ist, hat sich im III. Quartier die historische Einteilung mit dichten Reihen von Grabstellen noch am klarsten bewahren können. Der breite Bereich im Norden ist bereits 1904/05 weitgehend unter Beibehaltung des mittleren Rondells umgestaltet worden. Hier, am Haupteingang im IV. Quartier, liegt die in den Jahren 1810 bis 1813 von Axel Bundsen errichtete repräsentative Friedhofskapelle, ein Hauptwerk des reifen Klassizismus im Lande.

Keine andere Begräbnisstätte im Lande hat eine solche Fülle klassizistischer Grabmale und damit den Charakter eines Friedhofs des frühen

19. Jahrhunderts bewahren können. Führende Künstler der Zeit wie Christian Daniel Rauch, Karl Friedrich Schinkel oder Joachim Schmädel, Hans Andreas Klewing und Hans C. Kirchhoff haben Grabmale von hohem künstlerischem Rang geschaffen. Hauptwerke sind beispielsweise der monumentale neugotische Baldachin mit reicher Maßwerkverzierung nach einem Entwurf Schinkels für die Gruft der Familie Christiansen von 1829 oder der 1825 errichtete Marmorsphinx (Kopie, Original im Museum) von Rauch für die Familie Gorrissen, beide in Nähe der Kapelle.

Der Friedhof an der Mühlenstraße in Flensburg

Zwischen Westerallee, Friedhofstraße, Mühlenstraße und Marienallee liegt der 1872 eingeweihte kommunale Mühlenfriedhof. Beim Haupteingang an der Mühlenstraße liegt die kleine Kapelle, ein im Kern noch erhaltener Bau des Stadtbaurats Otto Fielitz von 1902/03, weitgehend umgebaut 1963. Der Friedhof spiegelt mit seinen rund um das unregelmäßige Gelände führenden geschlängelten Randwegen mit kleinen, anschließenden Grabquartieren und seiner noch regelmäßigen Binnenstruktur in den einzelnen Grabfeldern die Umbruchsituation im letzten Viertel des 19. Jahrhunderts wider. Noch den alten, gewohnten rechtwinkligen Aufteilungen in kleinen Einheiten mit betonten Kreuzungspunkten der Wege verhaftet, bildet sich aber bereits eine parkähnliche Anlage heraus.

Westlich der Kapelle liegt ein ovaler Platz, vor dem Bau der Kapelle für Gottesdienste genutzt, der den Ausgangspunkt für ein axiales System beiderseits eines langen Erschließungswegs in Richtung Südwesten bildet. Vorbei an einer kreisrunden Anlage endete der Weg einst an einem Teich. Dieses Gebiet wurde in den 1920er Jahren unter Magistratbaurat Ziegler zu einem rechteckigen Urnenhain mit kleinem Wasserbassin umgestaltet, wobei sicher die Aschengrabgärten, die auf dem Ohlsdorfer Friedhof in Hamburg ab 1919 durch Gartendirektor Otto Linne angelegt wurden, Vorbilder waren. Eine zweite Achse führt ebenfalls von der Kapelle nach Nordwesten, wobei das steil abfallende Gelände hier die Anlage einer von Norden zu betretenden, aufwendigen Gruftanlage mit seitlichen Zyklopenmauern ermöglichte. Angelegt noch im 19. Jahrhundert für Familie Lassen, wurde sie 1905 vom Architekten Max Schlichting erweitert. An einer weiteren Querachse orientieren sich kleine Nischengrabquartiere in hohen Hecken. Mit den ersten Umgestaltungen 1907 wurden bereits zahlreiche ältere Grabmale geräumt, so daß sich nur vereinzelt repräsentative Grabmale aus dem 19. Jahrhundert in der gärtnerisch sehenswerten Anlage erhalten haben.

Der Friedhof am Friedenshügel in Flensburg

Das Gelände für den neuen Friedhof außerhalb der Stadt am Friedenshügel war bereits 1902, noch vor den Umgestaltungen des Mühlenfriedhofs und des Alten Friedhofs, angekauft worden. Aus den eingereichten Planungen wählte man 1908 den Entwurf von Wilhelm Cordes aus Hamburg-Harburg, Direktor und Schöpfer des Ohlsdorfer Hauptfriedhofs, der entsprechend dem Hamburger Vorbild eine Mischung aus wald- und parkähnlicher Struktur mit klar gekennzeichneten Grabfeldern und Binnenstrukturen vorschlug. Die Konzeption, für die 1870er und 1880er Jahre äußerst modern, empfand man wenige Jahrzehnte später bereits als unbefriedigende Mischform zwischen Waldfriedhof und den aufkommenden Reformfriedhöfen. Cordes berücksichtigte das vorhandene zum Teil sumpfige Gelände, um einzelne Teiche in das Areal einbeziehen zu können, und schlug geschwungene befahrbare Hauptwege und kreisrunde Kapellenplätze vor, von denen aus die einzelnen Grabfelder durch radial angelegte schmale

Abb. 30 *Mausoleum Anthon von 1921 auf dem Friedhof am Friedenshügel in Flensburg.*

Wege erreicht werden sollten. Die vom Haupteingang nach Süden führende breite Straße sollte als repräsentative Mittelachse in einem Rondell enden, von dem zwei geschwungene Wege zu zwei Kapellen abzweigten, so daß sich durchaus trotz aller Abweichungen in den geländebedingten Randbezirken eine symmetrische Anlage ergeben hätte. Verwirklicht und 1911 eingeweiht wurde schließlich nur der östliche Bereich des Friedhofs mit seiner Kapelle, einem Werk der Architekten Peter Jürgensen und Jürgen Bachmann. Ihr Inneres wurde 1937 mit dem Einbau von Einäscherungsanlagen verändert, an die heute nur noch der hohe, expressionistisch gestaltete Schornstein in der Nähe der Kapelle erinnert.

Schon bald fanden erste Veränderungen statt. Noch im Ersten Weltkrieg verschwand der 1913 fertiggestellte kleine Musterfriedhof. Die ersten Kriegergräber und andere Ehrenanlagen wurden angelegt. Bereits 1939 hatte man ein Erweiterungsgelände planiert. Zu einer zögerlichen Belegung und einigen Änderungen kam es aber erst nach dem Zweiten Weltkrieg. Vom Kapellenplatz wurde ein Weg nach Süden verlängert und 1948/49 ein Urnenhain angelegt. Die in den 1930er Jahren als notwendig erachteten Erweiterungsflächen im Westen sind heute zum Teil bereits wieder aufgegeben oder noch gar nicht belegt worden und vermitteln einen eher parkähnlichen Eindruck.

Der Friedhof ist auch heute noch im wesentlichen durch die Planung von Cordes geprägt und erhält dadurch – trotz zeitgenössischer Kritik – seine gartenhistorische Bedeutung als Parkfriedhof des frühen 20. Jahrhunderts. Um den heute im Mittelpunkt liegenden Kapellenplatz entwickelt sich der achteckige Kernbereich mit seinen radial angelegten, mit hohen Hecken dicht bepflanzten Grabfeldern. Nach außen hin folgen rechtwinklig angelegte Grabfelder. Die Randzonen lösen sich parkähnlich auf, was besonders in der malerischen Umgebung der Teiche am Ostrand spürbar wirkt. Bis auf ein repräsentatives Mausoleum der Familie Anthon, einen Zentralbau mit kupfergedeckter Kuppel von 1921, sind die erhaltenen Grabmale eher bescheiden, was aber durchaus Teil des Konzeptes war.

Die Föhrer Kirchhöfe in Nieblum, Süderende und Wyk-Boldixum

Noch bis zur Mitte des vorigen Jahrhunderts boten die Inselfriedhöfe, die Friedhöfe der Seefahrer, ein Bild, wie es seit Jahrhunderten bestanden hatte: inmitten grünen Rasens standen die meist grau wirkenden, sandsteinernen Grabmale, meist ohne irgendwelchen Blumenschmuck. Mit der Neuordnung der Friedhöfe ab dem späten 19. Jahrhundert wurden die Grabmale (Platten, Stelen und kleine Fliesen) an die Wege, an die Kirchenmauern, ins Innere der Kirchen oder an andere Plätze versetzt und geordnet. So bemer-

Abb. 31 Doppelgrabstein von Dirck Cramer († 1769) und seiner Frau Eycke Harrens († 1775) auf dem Kirchhof in Nieblum (urspr. Aufstellung).

kenswert die Kirchhöfe um die mittelalterlichen Kirchen in ihrer Kargheit auch sind, faszinieren heute vor allem die Grabmale aus fünf Jahrhunderten, in zahlreichen Bildbänden publiziert. Während die großen, meist älteren Platten noch aus Bremen importiert werden mußten, hatten sich seit Beginn des 18. Jahrhunderts heimische Steinmetzwerkstätten entwickelt, die die typisch inselfriesischen sandsteinernen Grabstelen und Fliesen schufen. Das Besondere sind die meist rundbogigen, geschweiften Kopfstücke mit Reliefs, seitlich mit Spruchbändern verziert, und die ausgewogene Schriftgestaltung in plattdeutsch und (nach 1630) hochdeutsch. Die Texte berichten ausführlich von Leben und Tod der Beigesetzten, heute eine familiengeschichtliche Quelle ersten Ranges.

Während die frühen Reliefs noch Kreisformen zeigen, lockerte sich die Kontur im mittleren und späten 18. Jahrhundert phantasievoll auf. Die aufwendig gestalteten Bildtafeln zeigen Familien von Verstorbenen, stellen in allegorischer Weise die Themen Tod und Auferstehung Christi dar sowie Berufszeichen wie Mühlen und Schiffe. Die Schiffsdarstellungen sind nicht ungewöhnlich, war doch während der Blütezeit des Walfangs und der Handelsschiffahrt im 17. und 18. Jahrhundert der größte Teil der männlichen Bevölkerung zumindest im Sommerhalbjahr auf See. Die Grabmale zeigen die verschiedensten Schiffstypen, so die Fleute des späten 16. Jahrhunderts mit ihrem runden Heck, das Bootsschiff mit seinem breiten Heckspiegel, die küstenfahrende Schmack, den alten holländischen Huker meist als Anderthalbmaster, die Kuff aus der zweiten Hälfte des 18. Jahrhunderts für Küsten- und Wattenfahrten, die Galeasse, Fregatte, Bark, Brigg, Schoner und zahlreiche andere. Auf den Friedhöfen ist nicht nur die Geschichte der Inseln, sondern ein Teil der Schiffahrtsgeschichte der letzten 300 Jahre insgesamt dokumentiert, Ausdruck höchsten Kulturempfindens und heute mit der wertvollste Grabmalbestand in Schleswig-Holstein.

Der Friedhof der Remonstranten in Friedrichstadt

An der Prinzeßstraße liegt die kleine, klassizistische Kirche der Remonstranten (Arminianer), errichtet in den Jahren 1852 bis 1854 als längsrechteckiger verputzter Ziegelsaal mit Flachdecke und hohem Westturm. Der Vorgängerbau von 1624/25 war durch das Bombardement der Stadt durch schleswig-holsteinische Truppen am Ende der Erhebung gegen Dänemark 1850 zerstört worden. Im Norden und Osten liegt um die Kirche herum der kleine Friedhof der Gemeinde der Remonstranten, die ab 1619 als Religionsflüchtlinge aus den Niederlanden unter Herzog Friedrich III. von Schleswig-Holstein-Gottorf ins Land geholt worden waren. Bedingt durch die Kriegszerstörungen sind keine älteren Grabmale – bestattet wurde ver-

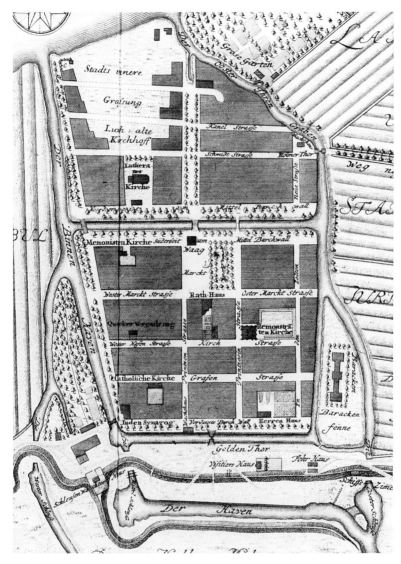

Abb. 32 *Plan Friedrichstadts von G.J.E. Coch um 1740 (Ausschnitt) mit Darstellung der Kirchen und Kirchhöfe der Lutheraner, der Mennoniten, der Katholiken und der Remonstranten.*

mutlich bereits seit 1622 – erhalten. Die ältesten Grabmale in schlichter klassizistischer Form stammen aus der Mitte des vorigen Jahrhunderts.

Der Mennonitenfriedhof in Friedrichstadt

Das Haus Mittelburgwall Nr. 21/23, ab 1621 für den Statthalter Adolf von Wael errichtet, aber fälschlicherweise als „Alte Münze" bezeichnet, gehört zu den bedeutendsten Profanbauten Friedrichstadts und dient heute als Museum. Der etwas ältere rückwärtige Teil, ein zweigeschossiger Querbau mit seitlichen Dreieckgiebeln und Satteldach, wurde von der lutherischen Gemeinde seit 1640 bis zur Fertigstellung ihrer gegenüber, aber auf der anderen Graftseite liegenden Kirche im Jahr 1649 für Gottesdienste genutzt. 1652 übernahmen die Mennoniten, die schon am Ende des 16. Jahrhunderts aus Flandern ins Land gekommen waren und sich in Friedrichstadt als sog. Freistatt niederlassen konnten, den Flügel und bauten ihn um. Der jetzige Betsaal mit seiner flachen Stichkappentonne geht auf spätere Umbauten von 1839/40 zurück, wenn auch der ältere Bestand erhalten ist. Im vorderen Anbau befindet sich das sogenannte „Kamertje" für den Gemeindevorsteher. Neben Friedrichstadt waren nur Altona vor 1601 und Glückstadt seit 1622 Freistätten.

Hinter dem Haus, im Geviert und eingeschlossen von der umgebenden Bebauung, befindet sich der kleine Mennonitenfriedhof, der einzige im Land. Einzelne Gräber aus der Zeit der Jahrhundertwende und danach sind gut gepflegt, während der ältere Grabmalbestand an der Westseite des Areals museal aufgestellt wurde. Es handelt sich um eine Reihe kleinerer, sehr einfacher Stelen aus dem frühen 18. Jahrhundert, die einen Eindruck von der Schlichtheit des ursprünglichen Friedhofs vermitteln.

Der ehemalige reformierte Friedhof in Glückstadt

Bereits ab 1619 hatte König Christian IV. verfolgte Reformierte (Calvinisten) aus den Niederlanden nach Glückstadt gerufen. Den Friedhof an der Itzehoer Straße beim ehemaligen Kremper Tor, dem Hauptzugang zur Stadt, legten Reformierte, Remonstranten und Mennoniten gemeinsam an. Seit 1819 gehört er zur lutherischen Gemeinde in Glückstadt. Der Begräbnisplatz – im Kern noch aus dem späten 17. Jahrhundert erhalten – ist ein langgestreckter, rechteckiger Bezirk mit geradem Hauptweg und rechts und links einfachen Grabreihen, heute meist mit kleinen Grabmalen für Feuerbestattungen belegt. Bemerkenswert ist der Ziegelrohbau von 1692 an der Straße, das kleine Totenhaus. Über dem Eingangstor an der Giebelseite sitzt

Abb. 33   Jüdischer Friedhof in Glückstadt mit den Grabplatten sephardischer Juden des 17. und 18. Jahrhunderts.

ein sandsteinernes Doppelwappen mit Symbolen von Tod und Leben, darüber ein großer Engel mit der Krone des Lebens.

Der jüdischer Friedhof in Glückstadt

In Glückstadt entstand seit 1619 eine jüdische Gemeinde, nachdem sich auf Einladung des dänischen Königs Christian IV. portugiesische Juden angesiedelt hatten – reiche und erfahrene Kaufleute, die beim Aufbau der neu gegründeten Stadt helfen sollten. 1622 erhielten die sephardischen Juden die Erlaubnis, einen Friedhof anzulegen. 1861 fand in Glückstadt die letzte, einzelne Bestattung eines sephardischen Juden statt, nachdem die meisten Gemeindeglieder bereits vor 1730 die Stadt aus wirtschaftlichen Gründen verlassen hatten. Als sich im 18. Jahrhundert vermehrt aschkenasische Juden aus Deutschland und Polen ansiedelten, wurde ihnen der Friedhof wieder als Begräbnisplatz zugewiesen. Als 1895 die baufällig gewordene Synagoge zum Abbruch verkauft wurde, konnte man den Erlös für die Restaurierung des Friedhofs verwenden, der 1900 um etwa ein Drittel verkleinert wurde.

Die alten Grabsteine wurden dabei recht willkürlich neu zusammengestellt und die Grabplatten beider Glaubensgruppen vermischt. In den 1930er Jahren fanden die letzten Beerdigungen statt. Während des letzten Krieges wurden die Platten und Stelen am Rand des Friedhofs gestapelt, da man das Gelände anders nutzen wollte. Erst nach 1945 konnte das Areal, so wie es sich heute präsentiert, neu angelegt und die Steine geordnet werden.

Der kleine bewaldete Bezirk an der Pentzstraße mit einer straßenseitigen Baumreihe direkt beim Bahnhof wird durch ein niedriges Gitter mit Davidstern geschützt. In neun Reihen sind die schweren Grabplatten der sephardischen Juden angeordnet. Sie stammen mit ihren Reliefs und Verzierungen noch teilweise aus dem 17. Jahrhundert und spiegeln die Entwicklung der Grabmalkultur über fast ein Jahrhundert wider. Am Rand des Areals sind die Grabmale in Form von Stelen und Lehnsockeln der aschkenasischen Juden aus der Zeit der Jahrhundertwende aufgestellt, die sich bis auf Inschrift und Symbolik kaum von den christlichen Grabmalen der Zeit unterscheiden. Der Glückstädter Friedhof ist der einzige sephardischer Juden im heutigen Schleswig-Holstein, und seine Grabmale gehören zu den wertvollsten Zeugnissen jüdischer Bestattungstradition im Lande.

Der Herrnhuter Gottesacker in Hanerau

Inmitten des waldartigen Parks des Gutes Hanerau in Hanerau-Hademarschen liegt das kleine Geviert des Herrnhuter Friedhofs, heute einziger dieser Art im Land. 1799 hatte der Württemberger Johann Wilhelm Mannhardt (1760-1831) das inzwischen parzellierte Restgut Hanerau erworben. Mit Hilfe seines aus einer holländischen Mennonitenfamilie stammenden Schwiegervaters, des Altonaer Kaufmann und Reeders Hinrich van der Smissen, begründete er – begünstigt durch die gegen Napoleon errichtete Kontinalentalsperre – auf dem Gut ab 1803 eine Manufaktur für Leinen, Woll- und Baumwollverarbeitung. Aus seiner württembergischen Heimat wurden Facharbeiter angesiedelt, die der Herrnhuter Brüdergemeinde angehörten. Mannhardt selbst, im württembergischen Pietismus groß geworden und studierter Theologe, hatte Beziehungen zur Herrnhuter Gemeinde im heute dänischen Christiansfeld.

Mit der Anlage der Fabriken und der Erneuerung des Gutes entstand ein ausgedehnter Waldpark. Im nordwestlichen Bereich ließ Mannhardt 1805 einen kleinen Friedhof für sich und seine Familie und die auf dem Gut Arbeitenden nach Herrnhuter Schema anlegen. Auf dem von Hecken und Lär-

Abb. 34 Herrnhuter Gottesacker in Hanerau, angelegt 1805.

chen umsäumten Platz wird nach der Tradition bis heute getrennt nach Geschlechtern bestattet, wobei auch unverheiratete Männer (links) und Frauen (rechts) und die Kinder jeweils eigene Grabfelder, sogenannte „Beete" besitzen, insgesamt also sechs Felder existieren. Jedes Grab in Hanerau wird durch eine schlichte Liegeplatte mit den Daten der Verstorbenen bedeckt, heute teilweise mit zusätzlichem Immergrün bepflanzt. Auf der Stirnseite des kleinen Areals befindet sich eine kleine Laube mit einem Tor mit der Inschrift „Selig sind die in dem Herrn sterben" und auf der Rückseite „Sie ruhen von ihrer Arbeit". Hier befinden sich unter anderem die ältesten Gräber und Gedenksteine aus den Jahren nach der Gutsübernahme. Im Eingangsbereich wurde 1993 ein Denkmal für Theodor Storm errichtet, der seine letzten Jahre in Hademarschen lebte.

Die Art der Bestattung in Hanerau folgt leicht modifiziert der traditionellen Gliederung der Herrnhuter Gemeinde, der „Brüder-Gemeine", die aus sogenannten „Chören" für Kleinkinder, Kinder, Jugendliche, Ledige, Verheiratete und Verwitwete, jeweils nach Geschlecht getrennt, bestand. Ursprünglich orientierte sich die Liegeordnung auf dem Friedhof streng an der in Chöre unterteilten Sitzordnung im Betsaal. Wer auf dem Gottesacker lag, war weiterhin Glied der Gottesfamilie und Teil der Gemeinde in Erwartung der Auferstehung. Trauer und Trauerkleidung waren unüblich, die Särge in der Regel weiß gestrichen und farbenfroh mit Kränzen geschmückt. Stand, Beruf, Besitz, Rang oder Ansehen fanden keine Berücksichtigung bei der Bestattung. Die individualistischen und familiären Gesichtspunkte, die normalerweise mit der Anlage von Familiengräbern das Bild unsere Friedhöfe bestimmen, sind auf Herrnhuter Gottesäckern unbekannt.

Der ehemalige St.-Jürgen-Friedhof in Husum

Am Osterende in Husum liegt das ehemalige Gasthaus zum Ritter St. Jürgen, heute ein Altersheim. In den Jahren 1563 bis 1565 war hier bereits eine kleine protestantische Kirche errichtet worden, die um 1570 unter Herzog Adolf I. zur Unterbringung von Präbenden des St.-Georgs-Hospitals umgebaut und erweitert wurde. Seit 1527 waren sie zunächst im aufgehobenen Franziskanerkloster untergebracht gewesen, das 1576 allerdings dem herzoglichen Schloßneubau weichen mußte. Der kleine, bereits im 16. Jahrhundert angelegte Klosterfriedhof, dessen Strukturen nicht mehr erkennbar sind, ist längst aufgehoben und besitzt heute – nach verschiedenen Umgestaltungen, zuletzt 1960 – einen parkähnlichen Charakter mit einigen verstreut erhaltenen interessanten Grabmale des 19. Jahrhunderts. An der Straßenseite liegt die Gruft der Familie Storm mit dem Grab Theodor Storms (1817–1888).

Der Alte Friedhof in Itzehoe

Nachdem der Friedhof zwischen Papengasse und der Laurentiikirche zu eng geworden war, enstand bereits im 16. Jahrhundert am Holzkamp, einer gerodeten, etwas erhöht gelegenen Fläche außerhalb der Stadt, ein neuer Friedhof, der allerdings bald ebenfalls zu klein wurde. Im Kriegswinter 1813/14 war bereits als eine Art Notbehelf der sogenannte Schwedenfriedhof angelegt worden. Nach langen Verhandlungen zwischen der Stadt und dem Itzehoer Adeligen Kloster gelang es endlich, eine Übereinkunft über einen neuen Friedhof zu treffen. Die alten Friedhöfe sollten danach langsam eingehen, die Erbbegräbnisse an der Außenwand der Laurentiikirche wurden wie die Kirchhofsmauer abgebrochen, die Kirchenstraße verbreitert und die dort befindlichen Gebeine und Sargreste an anderer Stelle beigesetzt. Der Friedhof auf dem Holzkamp wurde 1840 in eine Grünfläche umgestaltet, später als Exerzier- und Reitplatz benutzt. Der neue, 1817 eröffnete Friedhof (der heutige Alte Friedhof) an der Brunnenstraße/Juliengardeweg bestand aus der damals üblichen Einteilung in vier Grabfelder mit kleiner Wegekreuzung. Beim Haupteingang hat sich diese Kernzelle erhalten; auf dem Wegekreuz rund um einen Baum sind heute museal einige der alten klassizistischen Grabmale aus der Entstehungszeit aufgestellt. Die folgenden Erweiterungen des Friedhofs, der sich heute bis an den Langen Peter erstreckt, orientierten sich mit ihren Wegen und Wegekreuzungen mit Einzelbäumen an der alten rechtwinkligen Einteilung, so daß sich ein sehr einheitlicher Gesamteindruck bewahrt hat. An der Brunnenstraße befindet sich auch der kleine Grabbezirk für das Adelige Kloster in Itzehoe.

Der Kirchhof in Keitum auf Sylt

Die Kirche St. Severin, ein spätromanischer Bau des frühen 13. Jahrhunderts, liegt in einsamer Lage nordwestlich außerhalb von Keitum, einst Hauptort der Insel und im 17. bis zum 19. Jahrhundert bevorzugter Wohnsitz von Kapitänen, die durch Grönlandfahrten auf holländischen, später hamburgischen und englischen Walfängern zu Wohlstand kamen. Ältere Abbildungen zeigen noch einen recht eng um die Kirche liegenden Friedhof, der immer wieder nach Norden und Nordosten erweitert werden mußte, zuletzt 1963.

Bis in unser Jahrhundert gehörte in Keitum zu jedem Haus ein Familiengrab, das mit dem Haus an die nächste Generation übergeben wurde. Erst mit der zunehmenden Abtrennung der Grabstätten vom Grundbesitz gelangten diese in die Verwaltung des Friedhofsträgers, der Gemeinde. Nahm man früher abgelaufene Grabsteine als wertvolles Baumaterial mit und ver-

Abb. 35 Historische Grabplatten und Fliesen im Norden der Severins-Kirche in Keitum auf Sylt.

wendete sie als Trittsteine oder Hausschwellen, sind heute eine Reihe dieser alten Grabplatten im Süden der Kirche zu einem kleinen Museumsbereich an einer Böschung zusammengelegt. Die zusätzlich verlegten kleinen, sehr flachen Stelen, sogenannte Fliesen, besitzen im oberen Drittel ein Loch, durch das die ursprünglich aufrecht stehenden Steine mit einem Walknochen oder einem Holzpfahl als Schutz vor einem Umkippen etwa bei Sturm abgestützt waren. In einem weiteren Bereich am Nordende des Friedhofs sind an einem Erdwall zahlreiche repräsentative Großgrabplatten aus dem 17. und 18. Jahrhundert aufgestellt, ein beeindruckendes Ensemble kunstvoll bearbeiteter Steine mit großen Reliefs und ausführlichen Inschriften.

Der ehemalige Garnisonfriedhof in Kiel-Friedrichsort

In den Jahren 1632 bis 1637 legte König Christian IV. von Dänemark auf dem Westufer der Kieler Außenförde eine Festung („Christianspries") an, die nach schwedischer Zerstörung im Dreißigjährigen Krieg 1643 und Schleifung durch Friedrich III. nach 1663 erneuert wurde und den Namen „Friedrichsort" erhielt. Bereits aus der frühen Festungszeit ab 1632 ist der Friedhof für die Garnison überliefert, ein Areal von ehemals quadratischem

Zuschnitt, heute durch ein Schulgelände angeschnitten. Die nordöstliche Hälfte wurde 1835 eingefriedet, während das übrige Gelände als Reservefriedhof verpachtet und teilweise seit 1866 überbaut wurde. Der Ausbau der Falckensteiner Straße beschnitt 1870 den Friedhof erneut, so daß endlich 1913 eine Neuordnung und Neueinfriedung erfolgte. Bereits 1901 ist die Friedhofskapelle nach Plänen Friedrich Mißfeldts errichtet worden, ein kubischer, spätklassizistischer Putzbau mit kleinem Vorbau als Eingangsportal, später um eine Leichenkammer im Keller erweitert. Auf der ursprünglich streng in Reihen gegliederten Anlage befinden sich heute nur noch wenige Grabmale und ein kleiner Bezirk für Gefallene des Ersten Weltkriegs. Der inzwischen aufgelassene Friedrichsorter Friedhof ist die älteste erhaltene Anlage auf Kieler Stadtgebiet.

Der Kieler Südfriedhof

Der Südfriedhof an der Saarbrückenstraße, bis zur Anlage des Friedhofs Eichhof im benachbarten Kronshagen 1900 als Neuer Friedhof bezeichnet, wurde 1866 unter Stadtbaumeister Gustav Martens geplant. 1868 begann man mit der Bepflanzung des Geländes, und im April 1869 fand die Einweihung statt. Für den Ausführungsentwurf gewann man den Landschaftsgärtner Wilhelm Benque, Schöpfer des Bremer Bürgerparks und Mitarbeiter bei der Gestaltung des New Yorker Central Parks. Seine Entwürfe stießen zunächst auf heftigste Kritik, da seine Vorstellungen eines landschaftlich gestalteten Friedhofs mit künstlich angelegtem Hügel (dem heutigen sog. Kapellenberg) und Teich (nicht mehr vorhanden) die Vorstellungen konservativer Fachkollegen sprengten. Trotz aller Bedenken wurde schließlich der Entwurf akzeptiert, wenn auch aus finanziellen Gründen ohne die zentral geplante Kapelle ausgeführt. 1867 wurde beim Haupteingang ein inzwischen mehrfach verändertes und umgebautes Leichenhaus errichtet, das dann die Funktion einer Kapelle übernahm. 1872 entstand ein erstes Mausoleum und bereits 1888/89 erfolgte eine Erweiterung des Areals nach Südwesten nach gleichem Schema auf die heutige Friedhofsgröße. Erst 1908/09 erhielt der Friedhof auf der rückwärtigen Seite seine hohe Mauer und 1914 sein Eisengitter mit zwei repräsentativen Eingängen.

Bei der Anlage des Friedhofs wurde die Bildung von Achsen und folglich die Entstehung regelmäßiger Grabfelder vermieden. Stattdessen unterscheiden sich die Grabfelder in Größe und Form und schmiegen sich wie Segmente aneinander. Diese organische und von der damals noch üblichen symmetrischen Aufteilung abweichende Anordnung der einzelnen Felder begründet die Bedeutung des Südfriedhofs als einer der ersten parkähnlich angelegten Begräbnisstätten in Deutschland. Geschickt wird die vorhan-

Abb. 36   Sog. Kapellenberg des späten 19. Jahrhunderts auf dem Kieler Südfriedhof mit den Mausoleen der Familien Sartori (1872) und Schifferer (um 1910).

dene Topographie durch terrassenförmig angelegte Grabstellen oder die Bildung von malerischen Urnenfeldern rund um den Teich am Westrand der Anlage ausgenutzt. Unterstützt wird die Vielfalt noch durch Baumbepflanzungen, mal als Solitäre inmitten eines Grabfelds, mal als Kranz um ein einzelnes Feld herum, dann als Baumgruppen an deren Ecken. Neben einer ganzen Reihe hervorragender Grabmale vor allem der Zeit der Jahrhundertwende zeichnet sich der Friedhof durch die konzentriert auf einem künstlichen Hügel angeordneten Mausoleen und Gruftanlagen aus, die den sogenannten Kapellenberg bilden. In zwei Reihen gruppieren sich um die Kuppe des Hügels die mehr als zehn Bauten unterschiedlichster Stilrichtung, in dieser Art einmalig in Schleswig-Holstein.

Der Friedhof in Krempe

Im Zusammenhang mit der Elbmarschkolonisierung wurde die Stadt Krempe als regelmäßige Anlage um 1230 gegründet und entwickelte sich bis zum 16./17. Jahrhundert zu einem blühenden kleinen Handelszentrum. Mit

dem Neubau der Kremper Kirche 1828–1835 durch den Altonaer Architekten Friedrich Christian Heylmann als Ersatz für die 1814 durch eine Pul-
verexplosion verloren gegangene Kirche des 13. Jahrhunderts wurde der alte
Kirchhof aufgegeben und nach Ablauf der Ruhezeiten 1847/48 planiert. Zur
gleichen Zeit entstand der neue Friedhof an der Hauptstraße vor dem Gre-
venkoper Tor, eine kleine, rechteckige Anlage mit Hauptweg, umgeben von
einer Reihe von Kopflinden. 1901 wurde zur Vergrößerung des Friedhofs
ein rückwärtiges Gelände angekauft, auf dem die Gemeinde nach einer Stif-
tung eine kleine neugotische Kapelle nach Entwürfen des Eutiner Architekten Zietz errichteten ließ. Bemerkenswert ist vor allem das eiserne, vier-
teilige Friedhofstor von 1847.

Der Eichhof-Friedhof in Kronshagen bei Kiel

In den Jahren 1898 bis 1900 entstand auf einem bereits 1896 von der evangelischen Kirche angekauften ehemaligen Ziegeleigelände „Eichhof" ein
Parkfriedhof, der sich schon bald, obwohl außerhalb der Stadt gelegen, zum
neuen Hauptfriedhof für Kiel entwickeln sollte. Nach einem Wettbewerb

Abb. 37   Friedhofstor in Krempe von 1847.

75

*Abb. 38   Friedhofskapelle von 1901 auf dem Eichhof-Friedhof in Krons-
hagen vor ihrer teilweisen Zerstörung 1944.*

wurde der Kölner Gartenarchitekt Hermann Cordes mit der Ausführung beauftragt. Die Bepflanzung lag in den Händen des Gärtners Emil Feldmann, der auch 1912, 1918–1920 und 1929/30 mehrere Erweiterungen entwarf und durchführte, so daß der Friedhof mit 40 ha heute zu den größten im Lande gehört. Ihm ist es zu verdanken, daß der Friedhof gleichzeitig als Arboretum (Baumsammlung) angelegt wurde. Mit seinem vielfältigen heimischen, aber auch zum Teil exotischen Baumbestand und seiner reichhaltigen Fauna ist er inzwischen ein Anziehungspunkt auch für Naturfreunde geworden.

Durch das unregelmäßige, langgestreckte Gelände schlängelt sich vom Haupteingang im Osten an der Kieler Stadtgrenze bis nach Kronshagen hinein ein breiter Hauptweg, der die wichtigsten Grabfelder verbindet. Im östlichen Bereich schneidet er einen ausgedehnten, kleeblattförmigen Platz, auf dem im Süden die Kapelle steht. Um den Friedhof herum führt als Randweg ein Beltwalk, von dem die übrigen Grabfelder mit kleineren geschwungenen Zwischenwegen zu erschließen sind. In der Anlage wird die strenge, eher konservativ wirkende Geometrie des Kapellenplatzes mit gestalterischen Elementen der im späten 19. Jahrhundert konzipierten Parkfriedhöfe geschickt verbunden. Die repräsentative große Friedhofskapelle mit ihrer von einer überdimensionalen Spitze bekrönten Kuppel entstand 1901 in neugotischem Stil. Sie wurde nach Bombenschäden 1944 bescheidener wieder aufgebaut. In einem kleinen Museumsfeld sind einige Grabmale des 1953 geräumten St.-Jürgen-Friedhofs aus Kiel aufgestellt. Neben zahlreichen sehenswerten Grabmalen der ersten Jahrzehnte des Jahrhunderts sind vor allem das Mausoleum Milberg des Architekten Wilhelm Voigt 1902 und das Mausoleum Martius, 1917 von Adolf von Hildebrand entworfen, zu nennen.

Der Kirchhof in Landkirchen auf Fehmarn

Rund um die Kirche in Landkirchen mit ihrem freistehenden hölzernen Glockenturm aus dem 16. Jahrhundert liegt der kleine Kirchhof, umgeben von Baumreihen an der Süd- und Westseite. Eine Mauer und ein schlichtes schmiedeeisernes Tor grenzen den Friedhof zur Durchgangsstraße hin ab. Im Kern noch mittelalterlich wie die kleine, dreischiffige und in den Jahrhunderten reich ausgestattete Backsteinkirche, wurde der Kirchhof in der Art seiner Anlage im südlichen Bereich nur wenig verändert, während im Osten und Nordenwesten – hier befanden sich die Armengräber – sich neuere Ordnungssysteme mit kleinen Wegen und Grabreihen herausgebildet haben. Im Süden hat sich eine verschachtelte und damit wohl ältere Grabstruktur erhalten, wie sie nur noch selten anzutreffen ist. Die einzelnen Gräber sind hier nicht aufeinander ausgerichtet und durch kleine Wege getrennt, sondern liegen scheinbar willkürlich in verschiedener Ausrichtung dicht nebeneinander, so daß, um einzelne Gräber erreichen zu können, andere betreten werden müssen. Wenn auch die gepflegten Gräber und die Bepflanzungen heutiger Gestaltung entsprechen, wird hier noch deutlich, wie man sich die Grabanordnung auf einem mittelalterlichen Friedhof vorzustellen hat.

Der St.-Lorenz-Friedhof in Lübeck

Als es 1597 in Lübeck zu einem neuerlichen Pestausbruch kam, wurde – wahrscheinlich weil der alte städtische Seuchenfriedhof in der Vorstadt St. Gertrud zu klein geworden war – ein neuer Pestfriedhof vor dem Holstentor angelegt, heute am Steinrader Weg gelegen. An die Eröffnung erinnert ein hohes Kalksteinkreuz von 1598. Da der Friedhof schon bald auch für ärmere Bürger genutzt wurde, entstand die Notwendigkeit, ein Grabbuch zur Regelung der Bestattungen anzulegen (1625) und eine kleine Fachwerkka-

Abb. 39   St.-Lorenz-Friedhof in Lübeck, angelegt als Pestfriedhof 1598.

pelle zu errichten, eingeweiht 1664. Wegen der unhaltbaren hygienischen Zustände auf den innerstädtischen Friedhöfen ließen sich seit 1786 auch wohlhabenere Bürger auf dem Lorenz-Armenfriedhof, dem „cymiterium pauperum", bestatten, der auf diese Weise zu einem normalen Gemeindefriedhof vor dem Holstentor wurde. Zahlreiche repräsentative Gruftanlagen, Erbbegräbnisse und künstlerisch gestaltete Grabmale aus der Zeit um 1800 zeugen noch heute von der Blüte des Friedhofs. Sie liegen verstreut an kleinen Wegen oder in Rasenflächen des Friedhofs, der inzwischen einen parkähnlichen Charakter aufweist. 1898–1900 wurde die kleine Kapelle des 17. Jahrhunderts durch eine neugotische Backsteinkirche nach Entwürfen Gustav Schaumanns ersetzt.

Der St.-Jürgen-Friedhof in Lübeck

Das kleine St.-Jürgen-Siechenhaus für Aussätzige wurde mit seiner zugehörigen Kapelle 1644 an heutiger Stelle, an der Ratzeburger Allee, neu errichtet, nachdem die ältere Anlage – wie auch das Gertruden-Pockenhaus – der allgemeinen Stadterweiterung und Verbesserung der Stadtbefestigung hatte weichen müssen. 1645 fand die erste Bestattung auf dem zugehörigen, winzigen Friedhofsareal statt. Auf dem Friedhof befinden sich heute als früheste Grabmale zahlreiche klassizistische Steine des frühen 19. Jahrhunderts, zum Teil aufwendig und repräsentativ gestaltet und in ungewöhnlichen Formen, wie beispielsweise eine mit einem Bahrtuch verhüllte Urne auf hohem Postament. Die kleine barocke Kapelle von 1645 ist ein Werk Andreas Jegers, ein kreuzförmiger backsteinsichtiger Zentralbau mit polygonalen Flügeln um ein quadratisches Mitteljoch. Über dem rundbogigen Westportal sitzt ein kleines Relief, St. Jürgen mit dem Drachen kämpfend. Aus gleicher Zeit stammt auch das kleine Leichenhaus mit seinem Stufengiebel, heute auf dem rückwärtigen Spielplatz abseits des Friedhofs gelegen.

Der jüdische Friedhof in Lübeck-Moisling

Die erste Ansiedlung verfolgter polnischer Juden erfolgte in Moisling um die Mitte des 17. Jahrhunderts auf Veranlassung des damaligen Gutsherrn auf Moisling, Gotthardt von Hövelen. Bereits 1661 erhielten sie den Schutz des dänischen Königs auf der Grundlage der Toleranzprivilegien, wurden wenige Jahre danach aber durch revoltierende Lübecker Handwerker vertrieben. Nach erneuter Rückkehr erhielten sie durch das Eingreifen König Christians V. ihre vollen Rechte zurück und wurden den privilegierten Altonaer Juden gleichgestellt. Wegen des anhaltenden Widerstands von Kauf-

Abb. 40 Jüdischer Friedhof in Lübeck-Moisling, angelegt in der Mitte des 17. Jahrhunderts.

mannschaft, Geistlichkeit und Handwerkerschaft war ihnen aber auch weiterhin ein geschützter Aufenthalt in Lübeck nicht gestattet, und sie erhielten erst 1709 unter strengen Beschränkungen das Recht, in der Stadt Einkäufe zu tätigen. Lediglich einem Juden, dem sogenannten Schutzjuden, war es trotz Protesten gestattet, mit seiner Familie ansässig zu sein und unbeschränkt Handel zu treiben. Er mußte garantieren, daß sich keine weiteren Juden heimlich niederließen, so daß den Moislinger Juden weiterhin der Zuzug in die Stadt verwehrt blieb. Nach der endgültigen rechtlichen Gleichstellung 1848 löste sich die Gemeinde in Moisling allerdings nach und nach auf.

Seit der Mitte des 17. Jahrhunderts besteht in Moisling an der Niendorfer Straße ein jüdischer Friedhof, der mehrfach erweitert wurde, zuletzt 1861 auf die heutige Größe von fast 8000 Quadratmetern. Er ist damit der größte und bedeutendste jüdische Friedhof in Schleswig-Holstein. Das rechteckige Areal ist von einer hohen Mauer umgeben und heute wegen zunehmendem Vandalismus verschlossen. Insgesamt haben sich mehr als 1000 Grabmale der letzten 250 Jahre erhalten. An ihnen läßt sich – wie in We-

sterrönfeld – die Entwicklung der jüdischen Grabmalkultur im Lande able-
sen. Während die ältesten Grabmale meist aus dünnen Platten in Stelenform
bestehen – das früheste datiert 1724 – und zunächst nur hebräische, dann
hebräische und deutsche Schriftzeichen tragen, gleichen sich die jüngeren
bereits den andernorts üblichen Gabmalformen an. Der Friedhof erhielt
1910 eine eigene kleine Synagoge und beherbergt eine Reihe von Ehren- und
Gedenkanlagen.

Der Lübecker Burgtorfriedhof

Die Diskussion um unhaltbare hygienische Verhältnisse führte auch in Lübeck im späten 18. Jahrhundert zu ersten Überlegungen über die Verlegung
der Friedhöfe vor die Tore der Stadt. 1802 war den Lübecker Bischöfen die
Bestattung im Dom verboten worden, und im Juli 1812 untersagte der
Stadtpräfekt nach französischem Recht generell die Beerdigung innerhalb

Abb. 41   Burgtorfriedhof in Lübeck, angelegt 1832.

81

der Stadt und damit auch in den Kirchen. Das Ende der Franzosenzeit verhinderte zunächst eine Lösung, bis 1826 die Zentral-Armendeputation auf der Anlage eines neuen Friedhofs energisch bestand. Widerstand kam bis dahin über Jahrzehnte vor allem von den großen „Ämtern" der Stadt, die ihre Beerdigungsprivilegien in den innerstädtischen Kirchen engstirnig verteidigten. Mit Senatsdekret von 1828 wurde schließlich ein neuer Friedhof vor dem Burgtor an der Ausfallstraße Richtung Travemünde genehmigt. Und doch dauerte es noch drei weitere Jahre, bis eine drohende Cholera-Epidemie schließlich zur Eröffnung der neuen Anlage als „Allgemeiner Gottesacker" im Juli 1832 führte. Die einzelnen Stadtkirchen erhielten eigene „Quartiere", die privilegierten Ämter bzw. Korporationen ihre „Korporationsgräber" als Abfindung für ihre Beerdigungsrechte in den Kirchen und auf den innerstädtischen Kirchhöfen, ähnlich wie dies in Hamburg mit den Dammtorfriedhöfen geschehen war. Erst mit der neuen Begräbnisordnung 1834 wurde der Friedhof den fünf Hauptkirchen insgesamt übertragen, wobei die Quartiere bis heute erhalten blieben.

Zwar war der Bereich mit Hauptwegen in Grabfelder unterteilt, jedoch kann von einer Belegung im heutigen Sinne nicht gesprochen werden. Die Gräber wurden in möglichst dichten Reihen fast ohne Zwischenräume belegt, so wie man es von den engen Kirchhöfen gewohnt war; es entstanden regelrechte „Steinhaufen". Erst nach und nach setzte sich eine Gestaltung auch mit kleineren Wegen und einem umlaufenden Weg durch. 1869 wurde die Friedhofskapelle errichtet und 1892 die Leichenhalle. Bis dahin war die Aufbahrung der Verstorbenen noch in den Trauerhäusern üblich gewesen. 1901 erfolgte eine Erweiterung auf dem sogenannten Neuen Teil in Form eines damals modernen Waldfriedhofs unter Ausnutzung des vorhandenen Baumbestandes, während der alte Teil nun lockerer belegt wurde. 1906 übernahm die städtische Verwaltung den Friedhof. Gleichzeitig entstand der Vorwerker Friedhof zur Entlastung des Burgtorfriedhofs. Durch restriktive Belegung entstand langsam der Charakter eines Parkfriedhofs. Auf den allgemeinen Gräbern, den Reihengräbern und den Korporationsgräbern durften zunächst nur Grabstöcke, keine eigenen Grabmale aufgestellt werden. Neben einigen klassizistischen Grabmalen sind besonders aus der Zeit der Jahrhundertwende auf den Familiengräbern und Erbbegräbnissen zahlreiche repräsentative Grabmale mit zum Teil hervorragender Qualität erhalten.

Der Geschlechterfriedhof in Lunden

Der Kirchhof rund um die Lundener Kirche des ausgehenden 12. Jahrhunderts gehört zu den eindrucksvollsten Gräberfeldern des Landes. Mit seinen

Abb. 42   Geschlechterfriedhof in Lunden.

Grabmalen hauptsächlich des 16./17. Jahrhunderts ist er ein Denkmal der freien Dithmarscher Bauernrepublik. Auf dem zur Kirche hin ansteigenden Gelände befinden sich zahlreiche hohe sandsteinerne Stelen und einige gemauerte Gruftkeller unter großen Sandsteinplatten, die jeweils mit Inschriften, Skulpturenschmuck und Reliefs sowie mit Geschlechterwappen und Hausmarken geziert sind. Ursprünglich lagen die bedeutendsten Grabmale an vier Hauptwegen, die über eigene Zugänge in der Kirchhofsmauer verfügten; sie sind heute nicht mehr vorhanden. Der südöstliche Bereich des Kirchhofs war den ärmeren Bewohnern vorbehalten, auch als Armen- oder Glockenberg bezeichnet. Die letzte reguläre Bestattung fand 1909 statt.

Eine der wichtigsten Aufgaben der Menschen an der Küste war die gemeinsame Sicherung des Landes vor Sturmfluten, womit in Dithmarschen in der Zeit um 1100 begonnen worden war. Aus den frühen Siedlergemeinschaften gingen Personalverbände hervor, die „Geschlechter", die exotisch klingende Namen wie Sulemannen oder Russebolingmannen trugen. Die einzelnen Zweige der Geschlechter werden als „Kluften" bezeichnet, die ursprünglich untereinander aber nicht blutsverwandt sein mußten. Mit ihrem noch von germanischem Recht gepragten Vorstellungen – etwa der Blutrache oder der Eidestreue – bestimmten die Geschlechter über Jahrhunderte das Geschick Dithmarschens. 1500 hatten sie erfolgreich bei der legendären Schlacht bei Hemmingstedt die Dänen abgewehrt. Mit der nicht unblutig verlaufenden Einführung der Reformation 1532 begann des Ende der Geschlechter, die endgültig ihren Einfluß mit dem Ende der freien Dithmarscher Bauenrepublik in der Schlacht bei Heide 1559 verloren.

Bedeutendstes Grabmal ist die hohe Stele des Peter Swyn aus der Kluft der Swyne im Wurtmannengeschlecht mit Kreuzigungsrelief und der Darstellung seiner Ermordung am 14. August 1537. Swyn war Mitglied im „Rat der 48" gewesen und hatte die Aufgabe, den nicht unumstrittenen Beschluß der Landesversammlung zur Abschaffung von Blutrache und Eideshilfe, die nun in Konkurrenz zur Gerichtsbarkeit der Kirchspielorgane standen, auf den Kirchhöfen zu verkündigen. Bei dieser Gelegenheit wurden er und weitere Personen im Lundener Moor, wo sich heute noch eine Gedenktafel befindet, ermordet. Hier stand auch ursprünglich die hohe Gedenkstele.

Der Kirchhof und der „Friedhof für Heimatlose" in Nebel auf Amrum

Rund um die kleine, frühmittelalterliche Kirche St. Clemens auf Amrum, die ihren wuchtigen Westturm erst 1908 erhielt, liegt der Kirchhof mit den bemerkenswerten barocken Grabmalen des 17./18. Jahrhunderts, neben den Inselfriedhöfen auf Föhr wohl bedeutendstes Zeugnis der Grabmalkultur an der Westküste. Die ehemals familienweise geordneten Grabstellen, unregelmäßig verstreut in der Rasenfläche des Kirchhofs gelegen, sind um die Jahrhundertwende neu angeordnet und in „ordentliche" Reihen gesetzt worden, so daß der ursprüngliche Charakter des Kirchhofs verlorenging. Unterschieden sich die Wohnhäuser der Inselgesellschaft kaum voneinander, trennten sich im Tod Arm und Reich. Mußten sich Matrosen, Speckschneider, Steuerleute, Harpuniere, Walfänger oder Köche mit schlichten flachen Steinen begnügen, sogenannten Fliesen, meist aus Rotsandstein, konnten sich die Kommandeure, also die Führer der Walfangschiffe, die Kapitäne der Handelsschiffe und die Schiffer als Führer kleinerer Küstenfrachter prachtvolle Grabmale setzen. Die Steine, meist Sandsteine aus dem Weser-Wiehengebirge, die eigens mit Schiffen geholt, als Fracht von Reisen mitgebracht oder über Bremen (daher auch Bremer Steine genannt) importiert wurden, zeigen in der Regel Flachreliefs unterschiedlichster Motive in aufwendigen Rahmungen, meist jedoch den Besitz an Schiffen: dickbäuchige Walfangschiffe, Handelsschiffe und Galionen, Kuf- und Schmackschiffe, dargestellt in bewegter See unter vollen windgeblähten Segeln, aber auch abgetakelt im Hafen liegend. Die Familiengeschichte und die Schicksale der Verstorbenen werden in ausführlichen Texten in vorzüglicher Schriftgestaltung dargestellt. Während die großen Liegeplatten wohl von auswärtigen Steinmetzen geschaffen worden sind, stammen die meisten Stelen aus heimischer Produktion. Das älteste erhaltene Grabmal datiert von 1670. Mit den napoleonischen Kriegen erfuhr auch Amrum einen wirtschaftlichen Niedergang, so daß die reiche Grabmalkultur bald zum Erliegen kam.

Am Ostrand von Nebel liegt auf dem Mühlenhügel der „Heimatlosenfriedhof", 1906 angelegt. Hier ruhen ertrunkene, am Strand angespülte Seeleute, deren Namen nicht mehr zu ermitteln waren. In früheren Zeiten wurden Strandleichen einfach hinter der nächsten Düne begraben.

Abb. 43   Eingang zum Alten Friedhof in Plön mit wiederverwendetem Drehkreuz des 17. Jahrhunderts des alten Plöner Kirchhofs.

Der Alte Friedhof in Plön

Im Dezember 1795 wurde der Plöner Kirchengemeinde eine Koppel vor dem Lübecker Tor, an der Eutiner Straße gelegen, für einen neu zu errichtenden Friedhof außerhalb der Stadt angeboten. Die Herrichtung des Geländes und die Fertigstellung zogen sich noch bis 1807 hin. Dabei wurde schließlich ein kleiner benachbarter Bereich dazugenommen, auf dem man das Totenhaus errichtete. Später wurde der Friedhof noch um einige kleine Grundstücke und den Platz erweitert, auf dem das Pulverhaus der in Plön stationierten Dragonereskadron gestanden hatte. Rund um die Plöner Kirche hatte man gleichzeitig mit der Aufhebung des Kirchhofs begonnen. 1796 wurde der Lindenkranz gefällt und die Kirchenmauer abgebrochen. Aus dem Material wurde am neuen Friedhof in der Gabelung der Eutiner und Lütjenburger Straße (heute durch die Eisenbahnlinie abgeschnitten) das Totenhaus errichtet. Dieser Bau, die heutige Kapelle, ist ein schlichter eingeschossiger Backsteinbau mit großer Toreinfahrt, 1925 nach Plänen des Kreisbaurats Scheele aufgestockt. Rechts und links sind die beiden kunstvoll geschmiedeten Drehkreuze des alten Kirchhofs aus dem 17. Jahrhundert wieder montiert. Direkt hinter dem Torhaus gabeln sich die Wege, ausgehend von einem kleinen Rondell mit mächtiger Eiche. Den Friedhof, der wegen seiner bereits früh erfolgten Erweiterungen einen unregelmäßigen Grundriß besitzt, durchschneidet ein langer, abgeknickter Hauptweg, heute gesäumt von Birkenreihen und einigen älteren Linden. Aus der frühen Zeit der Anlage sind kaum Grabmale erhalten.

Der Kadettenfriedhof beim Plöner Schloß

Der kleine Friedhof für die Angehörigen der Preußischen Kadettenanstalt, die im Plöner Schloß von 1868 bis 1920 untergebracht war, liegt am südlichen Ende des Plöner Schloßgartens, der in den Jahren 1839/40 nach Plänen des Garteninspektors Christian Schaumburg als Landschaftspark umgestaltet wurde. Vorbei am Prinzenhaus, über die lange Lindenallee und den Siebenstern in Richtung Prinzeninsel erreicht man den kleinen, hinter hohen Bäumen versteckt liegenden Friedhof. Den vorderen Eingang schmückt ein kleines schmiedeeisernes Portal mit großem Eisernen Kreuz zwischen Eichenlaub; im hinteren Bereich befindet sich ein zweites hölzernes Portal zwischen zwei hohen Backsteinpfeilern, gerahmt von zwei Linden. An die in Plön verstorbenen Kadetten erinnern einige Reihen schlichter Steinkreuze und vereinzelte, noch erhaltene aufwendigere Grabmale aus der Zeit der Jahrhundertwende.

Abb. 44   Eingang zum Kadettenfriedhof im Plöner Schloßgarten.

Die Friedhöfe am Schützenhof/Steindamm in Ratzeburg

Östlich der Ratzeburger Stadtinsel erhebt sich am gegenüberliegenden Steilufer der Sageberg, der erst nach den schweren Stadtzerstörungen des späten 17. Jahrhunderts bebaut wurde. Als auf Verlangen der königlichen Regierung gegen Ende des 18. Jahrhunderts ein neuer Friedhof angelegt werden mußte, wählte man hier ein kleines Gelände aus. Bereits 1782 waren Linden in einer Doppelreihe beiderseits eines schmalen Platzes angepflanzt worden, der heute die beiden Friedhofsteile trennt. Der östliche Bereich ist der ältere Friedhof, eingeweiht im Februar 1788, ein einfaches Rechteck, durch einen kleinen Hauptweg in zwei Grabfelder geteilt. Neben wenigen Grüften haben sich einige klassizistische Grabmale erhalten, das früheste von 1806. Wegen grassierender Epidemien war bald eine Vergrößerung notwendig, so daß bereits 1817 das gegenüberliegende Gartenland zu einem zweiten Friedhof gestaltet wurde. Der westliche, neuere Bereich grenzt sich im Norden durch eine Böschungsmauer ab, in die dreizehn Grüfte eingelassen sind, kleine Feldstein- oder Putzbauten der 1820er und 1830er Jahre. Mit seinen frühen Gruftanlagen ist der kleine Ratzeburger Friedhof eine Besonderheit im Lande.

Abb. 45   Gruftanlagen des frühen 19. Jahrhunderts auf dem Friedhof am Schützenhof/Steindamm in Ratzeburg, angelegt ab 1817.

Der Garnisonfriedhof und der Neuwerk-Friedhof in Rendsburg

Südlich der alten Festungsanlagen des Neuwerks, heute in direkter Nähe zum Nord-Ostsee-Kanal, liegen die beiden ehemals streng getrennt zivil und militärisch genutzten Friedhöfe, nur durch die Friedhofsallee verbunden. Seit 1669 war Rendsburg als Festung Ersten Ranges ausgebaut worden, nach Kopenhagen die zweitgrößte im dänischen Reich. Im Süden entstand ab 1690 das Neuwerk in gezackter spätbarocker Art. Außerhalb der Befestigung wurden 1805 der kleine Garnisonfriedhof und gegenüber der Neuwerk-Friedhof angelegt, auf älterem Kartenwerk bereits charakteristisch als kleine rechteckige regelmäßige Anlagen mit Wegekreuz verzeichnet. Nach der Einnahme der Stadt durch schleswig-holsteinische Truppen und Schleifung der Festung durch die Dänen 1852 wurde das Gelände ins Stadtgebiet einbezogen.

Der Garnisonfriedhof bestand ursprünglich aus einer regelmäßigen Anlage von vier Feldern, heute zwar verschliffen, aber in kleinen Alleen im nordwestlichen Bereich noch ablesbar. Die Erweiterungen nach Südosten ließen ein neues Wegesystem mit einem Hauptweg und kleinen Kreuzungspunkten entstehen. Hauptsächlich der straßenseitige Bereich beherbergt eine ganze Reihe militärischer Grabanlagen mit hervorragenden Grabmonumenten, während der rückwärtige Bereich durch neuere Gräber genutzt wird und der östliche Teil Kriegsgräberanlagen der Weltkriege aufnimmt.

Zahlreiche repräsentative Grabmale sind aus Gußeisen der in Büdelsdorf ehemals beheimateten Carlshütte gefertigt. Als Beispiel seien neben Eisenkreuzen der dreiseitige hohe Obelisk genannt, der von einem schleswig-holsteinischen Artilleriehelm bekrönt wird. Er ist ein Denkmal für die Opfer

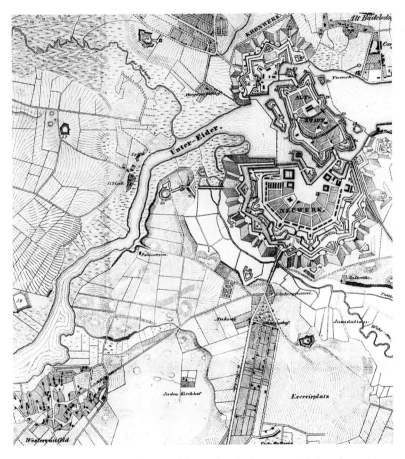

Abb. 46   Plan der Stadt Rendsburg des frühen 19. Jahrhunderts (Ausschnitt). Zwischen den Befestigungen des Rendsburger Neuwerks und dem Ort Westerrönfeld (links unten) liegen der Neuwerk- und der Garnisonfriedhof von 1805, etwas weiter südwestlich davon auf freiem Feld der jüdische Friedhof des späten 17. Jahrhunderts.

Abb. 47   Marmorengel vom Grabmal für Friedrich Christian Theodor Schulze († 1880) auf dem Neuwerk-Friedhof in Rendsburg, ein Werk seines Sohnes Friedrich Asmus Theodor Schulze (1838–1914).

einer Laboratoriumsexplosion 1850. Außerdem ist das gußeiserne klassizistische Grabmal für Major von Gerstenberg von 1830 mit antikisierendem Helm und Lorbeerkranz zu nennen. Ein kleiner, neuerer Stein erinnert an die in Rendsburg während der Festungsarbeiten gestorbenen Strafgefangenen, den sogenannten Sklavenfriedhof.

Der gegenüberliegende Neuwerk-Friedhof, eingefaßt durch hohe doppelte Lindenreihen an den Längsseiten und im westlichen Teil erweitert, läßt noch einen Hauptweg und rechts und links davon einzelne Grabreihen und kleine Grabfelder erkennen, vermittelt insgesamt aber einen veränderten Eindruck. Die ältesten, zum Teil repräsentative Grabmale stammen aus dem letzten Viertel des vorigen Jahrhunderts.

Der Friedhof der Holmer Beliebung in Schleswig

Südöstlich der Schleswiger Altstadt, zwischen Dom und Johanniskloster, liegt die malerische kleine Fischersiedlung auf dem Holm, bereits erwähnt

90

Abb. 48   Friedhof der Holmer Beliebung in Schleswig.

im frühen 14. Jahrhundert, heute geprägt durch kleine eingeschossige Gie-
bel- oder Traufenhäuser des 18. und 19. Jahrhunderts, deren Grundstücke
teilweise bis unmittelbar an die Schlei reichen. Bereits 1603 wird der Holm
als vormaliger Marienkirchhof genannt, denn am Rande des Friedhofs stand

bis 1571 als eine der drei nach der Reformation abgebrochenen Schleswiger Pfarrkirchen die kleine Kirche Unserer Lieben Frau.

Inmitten der Siedlung liegt der mit einem Baumkranz aus Kopflinden eingefaßte Friedhof der Holmer Beliebung, einer 1650 gegründeten Totengilde, deren Mitglieder sich im Leben und Sterben beistehen und das Recht auf kostenfreie Bestattung auf dem kleinen Friedhof genießen. Noch heute werden bei Beerdigungen auf dem Holm die Särge der Verstorbenen reihum von den Mitgliedern getragen. Da nach Möglichkeit die Gräber den Häusern der Angehörigen zugeordnet werden, blicken viele Bewohner direkt auf die Gräber ihrer verstorbenen Angehörigen. Der Friedhof bildet ein unregelmäßiges Viereck mit lediglich einem Hauptweg, in der Mitte die 1876 erbaute Kapelle. Rund um den Begräbnisplatz, der nur wenige ältere Grabmale aufweist, läuft ein gotisierendes schmiedeeisernes Gitter mit repräsentativem, in Teilen vergoldetem Eingangstor von 1863.

Der ehemalige Friedhof auf dem Stadtfeld in Schleswig

Der malerisch von einem hohen Baumkranz umgebene, aufgelassene Friedhof auf dem Stadtfeld wurde zu Beginn des 17. Jahrhunderts, wohl 1618, außerhalb der Stadt für Arme, Ortsfremde, Selbstmörder und Hingerichtete, aber auch für Pestopfer angelegt. Bereits 1651 erfolgten eine Erweiterung und die Anpflanzung des Lindenkranzes. Erst im 18. und 19. Jahrhundert ließen sich hier auch zunehmend wohlhabende Bürger beisetzen. Die kleine, längsrechteckige Anlage wird von einer Feldsteinmauer umzogen und besitzt auf einer kleinen Erhöhung ein hölzernes Glockenhaus von 1621. Nur noch schwach sind die Strukturen eines Wegekreuzes mit seinen Grabfeldern oder einer ursprünglichen Belegung in Grabreihen erkennbar. Die meisten, recht kleinen Grabmale, die aus dem 18. und frühen 19. Jahrhundert noch erhalten sind, versinken im Gras, sind überwuchert oder bereits mit den Bäumen verwachsen. Es sind in der Regel kleine Kissensteine, Stelen oder Liegeplatten, vereinzelt Gußeisenkreuze. Der verwilderte kleine Friedhof ist im Frühjahr ein Meer von blühenden Krokussen.

Der Schleswiger Garnisonfriedhof

Im oberen Teil des Gottorfer Neuwerk-Gartens liegt versteckt an der Flensburger Straße der kleine, 1856 angelegte Garnisonfriedhof der Stadt, an dessen Haupteingang eine neugotische Kapelle von 1865 an die österreichischen Gefallenen des deutsch-dänischen Kriegs erinnert. Die älteren Grabmale aus der Anlagezeit sind meist Gußeisenkreuze oder kleine Eisentafeln;

Abb. 49 Holzgrabmale für Joseph Fuchs († 1917) und Richard Lehmann († 1914) des Bildhauers Karl Spethmann auf dem Garnisonfriedhof in Schleswig, angelegt 1856.

Abb. 50 Holzgrabmal für W. H. Zimmer († 1915) des Bildhauers Karl Spethmann auf dem Garnisonfriedhof in Schleswig.

die Gräber selbst sind inzwischen eingeebnet. Auf dem abfallenden, bewachsenen Gelände stehen aber auch dicht an dicht eichene Holzstelen und Kreuze für die im Schleswiger Lazarett verstorbenen Soldaten des Ersten Weltkriegs. Schöpfer dieser einheitlich gestalteten Grabmale der Jahre 1914 bis 1918 war der Altonaer Bildhauer Karl Spethmann (1888–1944). Im Detail unterschiedlich und individuell gearbeitet, zeigen sie in ihren Reliefs keine Heldenverehrung und Kriegsverherrlichung; heroisierende Motive fehlen völlig. Die hohen Holzbohlen strahlen Friedvolles, Versöhnliches und Tröstendes aus: die Umarmung eines in den Krieg ziehenden Soldaten, ein von Rosen umranktes Schwert oder eine blumenbekrönte Pickelhaube. Dazu kommen Bilder von trauernden Frauen, tröstenden Engeln und anderen Abschiedsmotiven oder schlichten Blumen. Die noch erhaltenen 30 hölzernen Grabmale sind eine Besonderheit und in Schleswig-Holstein einzigartig.

Der Kirchhof in Sieseby an der Schlei

Der landschaftlich reizvoll an der Schlei gelegene Kirchhof um die Siesebyer Kirche geht mit seiner Entstehung sicherlich wie die meisten Kirchhöfe auf die Erbauungszeit des Gotteshauses selbst zurück. Der einschiffige Feldsteinbau um 1200 mit seinem eingezogenen, später verlängertem Kastenchor und dem mächtigen Westturm liegt am Rande des Kirchhofs, der sich in ansteigendem Gelände nach Süden erstreckt und im Westen durch beeindruckende Lindenallee begrenzt wird, angepflanzt 1890. Der Friedhof zeigt mit seinen langen parallelen Wegen und den regelmäßigen Grabreihen nicht mehr die ursprüngliche Einteilung, sondern orientiert sich bereits an den Konzeptionen des späten 19. Jahrhunderts. An älterem Grabmalbestand sind einige Gußeisenkreuze im Eingangsbereich zu erwähnen. Kirchhof und Kirche bilden eine beeindruckende Einheit, wie sie nur noch selten auf dem Lande zu finden ist.

Der Klosterkirchhof in Uetersen

Um 1234/35 wurde das Zisterzienserinnenkloster St. Maria und Johannes Evangelist gegründet und mit Nonnen aus Kloster Reinbek besetzt, heute inmitten des 1870 zur Stadt erhobenen Ortes Uetersen gelegen. Nach der Reformation wurde es 1555 durch die Ritterschaft in ein bis heute bestehendes evangelisches Adeliges Damenstift umgewandelt. Vom mittelalterlichen Kloster sind kaum Reste geblieben, vermauert lediglich der südliche Kreuzgangflügel im Priörinnenhaus von 1664. Die Kirche wurde ab 1748 durch einen Neubau ersetzt und das Gelände seit dem 17. Jahrhundert durch freistehende kleine Wohnhäuser für die Insassen geprägt. Zwischen der neuen nördlichen Kirchenmauer und dem Priörinnenhaus hat sich der kleine quadratische, baumbestandene Bezirk des ehemaligen Kreuzganges als Friedhof der adeligen Stiftsdamen erhalten. Wappenverzierte große Liegplatten, Stelen und andere Grabmale vor allem in klassizistischen Formen markieren die verstreut liegenden einzelnen Gräber der dem schleswig-holsteinischen Adel entstammenden Konventualinnen und Priörinnen.

Der Kirchhof in Ulsnis

Einer der landschaftlich beeindruckendsten Kirchhöfe im Lande ist der kleine Friedhof rund um die 1338 geweihte, aber ältere Kirche in Ulsnis,

Abb. 51   Blick vom Kirchhof in Ulsnis auf die Schlei.

mitten zwischen weiten Feldern auf einem Hügel hoch über der Schlei gelegen und von einem mächtigen Baumkranz aus Eichen umgeben, gepflanzt
1854 bis 1858. Eine Erweiterung des Geländes nach Südosten fand erst nach
dem Zweiten Weltkrieg statt. Den besten Blick auf das gesamte Ensemble
gewinnt man auf dem kleinen Nebenweg vom zugehörigen, 1767/68 erbau-
ten Pastorat, das weit abseits im Süden der Kirche liegt. Zum Friedhof
führen als Hauptwege zwei Zufahrtsalleen, die sich im Osten und Westen
zu kleinen Vorplätzen erweitern, angelegt 1864. Die eigentlichen Eingänge
bilden dann zwei kleine backsteinerne, weiß geschlemmte Tore von 1716
und 1762. Einbezogen in das Areal ist der altertümlich wirkende, aber erst
1759 errichtete, hölzerne Glockenturm auf einer eigenen Anhöhe, einem
wohl frühgeschichtlichen Grabhügel. Der Friedhof selbst, im Kern sicher
noch spätmittelalterlich, erstreckt sich rund um die Kirche des späten 13.
Jahrhunderts, hauptsächlich aber auf dem im Süden leicht abfallendem
Gelände. Kleine Wege erschließen die Grabreihen, auf denen noch einzelne
beeindruckende Grabmale der Zeit der Jahrhundertwende zu finden sind.
Eine bemerkenswerte Gedenkanlage für Kriegsgefallene befindet sich im
westlichen Vorfeld beim Glockenturm.

Der Kirchhof in Westensee

Der kleine, malerisch gelegene Kirchhof in Westensee schmiegt sich rund
um die ehemals der heiligen Katharina geweihte Wallfahrtskirche, eine Feld-
steinkirche des 13. Jahrhunderts mit eingebundenem, mächtigem Westturm
des frühen 16. Jahrhunderts. Nachdem Bestattungen in der Kirche bereits
im frühen 18. Jahrhundert unerwünscht wurden, errichtete man eine ganze
Reihe von Grabkapellen an der Außenwand der Kirche – die älteste bereits
1691, die anderen bis in die Mitte des 19. Jahrhunderts –, bevor auch die Anlage von Grüften für ansässige Adelsfamilien auf dem Kirchhof üblich wurden. Auf nach Norden abfallendem Gelände und umgeben von hohem, be-
eindruckendem Lindenkranz befinden sich zwischen kleinen Wegen
größere gepflegte Grabquartiere mit Heckeneinfassungen, darin jeweils einige Gräber unterschiedlicher Größe. Neben traditionellen Grabmalen der
Jahrhundertwende fallen vor allem einige Eisenkreuze auf.

Der jüdische Friedhof in Westerrönfeld bei Rendsburg

Im Jahre 1692 wurde den ersten Juden in Rendsburg die Ansiedlung gestattet und ihnen vom Festungskommandanten ein Platz für ihre Begräbnisse
außerhalb der Stadt zugewiesen. Der jüdische Friedhof in Westerrönfeld

entstand damit mehr als hundert Jahre nach der ersten Gründung in Altona 1584 und ist heute nach Lübeck-Moisling mit knapp 6000 m² der zweitgrößte im Land. Etwas versteckt liegend, ist er über eine lange Lindenallee „Am Judenfriedhof" über die Itzehoer Chaussee zu erreichen. War das Areal ehemals relativ wenig bewachsen, besitzt es nun eher den Charakter eines Waldfriedhofs. Ansatzweise ist ein Hauptweg mit Lindenreihe erhalten, die im hinteren, wohl älteren Teil abknickt, und den Friedhof in zwei ungleich große Felder teilt. Er ist neben einigen noch erkennbaren ehemaligen Gräberreihen im vorderen Bereich einziges Gestaltungsmerkmal des Friedhofs. Die ältesten, im rückwärtigen Bereich erhaltenen Grabmale stammen noch aus dem 18. Jahrhundert, hohe, sehr flache Stelen mit ausgewogener Schriftgestaltung und verzierten Kopfbereichen. Im mittleren, stark bewachsenen Areal haben sich vor allem Kleinstelen erhalten, während im straßenseitigen, vorderen Teil neuere Steine aus der Zeit der Jahrhundertwende stehen, jetzt schon mit hebräischer und lateinischer Schrift aus der Zeit der Assimilierung der Gemeinden. Das jüngste Grab stammt von 1942.

Der Neue Friedhof in Wilster

Der etwas außerhalb gelegene neue Friedhof in Wilster ist eine längsrechteckige, typische Vier-Feld-Anlage mit sich kreuzenden Wegen und einer kleinen Erweiterung im Zentrum, angelegt und eröffnet 1858/59. Das Areal ist von hohen Bäumen umstanden und rundum von einem breiten Graben umgeben, so daß nur eine kleine Brücke beim Haupteingang im Süden auf den Friedhof führt, neugestaltet und 1962 mit einem kleinen Pavillon ergänzt. Im Norden liegt die 1959 geweihte Kapelle, dahinter der kleine, etwa ein Drittel der Fläche ausmachende Erweiterungsteil der Friedhofs. Im Osten öffnet sich auf beeindruckende Weise der Blick in die Weite der Elbmarsch.

Der Friedhof ersetzte eine kleine ältere Anlage, die bereits 1604 im Nordwesten der Kirche eingeweiht worden war und heute Teil des Stadtparks ist. Der alte Friedhof – seinerseits wiederum Ersatz für den viel zu eng gewordenen Kirchhof um die kleine spätgotische Kirche – hatte einen fast quadratischen Grundriß und war mit einer einfachen Baumreihe umstanden, wie eine alte Stadtansicht von 1775 belegt. Der Grabmalbestand muß bemerkenswert reich gewesen sein. Die besten Steine wurden auf den neuen Friedhof überführt und sind dort heute in den Wegekreuzungen und umlaufend am Baumkranz wieder aufgestellt, ergänzt durch einige klassizistische Stücke. Sie sind ein Spiegel des Wohlstands des Wilsteraner Bürgertums und des reichen Bauernstandes der Marsch des 17. und frühen 18. Jahrhun-

Abb. 52   Neuer Friedhof in Wilster, angelegt 1858/59.

derts. Die vier, heute zentral aufgestellten Großgrabmale des 17. Jahrhunderts von mehr als zwei Meter Höhe, die mit ihren Verzierungen und qua-
litätvollen Reliefs zu den besten des Landes gehören, sind vermutlich noch
Bremer Import. Diese und andere Stücke wirkten allerdings so vorbildhaft,
daß sich im 18. Jahrhundert in den Elbmarschen eine blühende, eigene
Grabmalkunst mit ihrem Zentrum in Wilster entwickeln konnte. Beispiele
haben sich unter anderem in Wewelsfleth, Beidenfleth, St. Margarethen,
Brokdorf, Brunsbüttel und anderen Elborten bei den Kirchen erhalten.

Literaturhinweise

Ariès, Philippe: Studien zur Geschichte des Todes im Abendland, München 1976.

Bauer, Franz J.: Von Tod und Bestattung in alter und neuer Zeit, in: Historische Zeitschrift 254, 1992, Heft 1, S. 1-31.

Bolin, Norbert: Sterben ist mein Gewinn. Ein Beitrag zur evangelischen Funeralkomposition der deutschen Sepulkralkultur des Barock 1550–1750, Kassel 1989.

Borst, Arno u.a. (Hg.): Tod im Mittelalter, Konstanz 1993.

Bußenius, Sieghard: Inseln des Friedens oder Grundstücke ohne Verkehrswert? – Jüdische Friedhöfe und ihre Schändungen, in: Informationen zur schleswig-holsteinischen Zeitgeschichte, hrsg. vom Arbeitskreis zur Erfoschung des Nationalsozialismus in Schleswig-Holstein, Heft 21, Nov. 1991, S. 5–101.

Choron, Jacques: Der Tod im abendländischen Denken, Stuttgart 1967.

Condrau, Gion: Der Mensch und sein Tod, Certa moriendi condicio, Zürich-Einsiedeln 1984.

Derwein, Herbert: Geschichte der christlichen Friedhöfe in Deutschland, Frankfurt a.M. 1931.

Evers, Bernd: Mausoleen des 17.–19. Jahrhunderts, Typologische Studien zum Grab- und Memorialbau, Diss. Berlin 1983.

Fischer, Norbert: „Das Herzchen, das hier liegt, das ist sein Leben los". Historische Friedhöfe in Deutschland, Hamburg 1992.

Fischer, Norbert/Leisner, Barbara: Der Friedhofsführer. Spaziergänge zu den bekannten und unbekannten Gräbern in Hamburg und Umgebung, Hamburg 1994.

Fischer, Norbert: Vom Gottesacker zum Krematorium – Eine Sozialgeschichte der Friedhöfe in Deutschland, Köln–Weimar–Wien 1996.

Friedhöfe am Meer (= Ohlsdorf, Zeitschrift für Trauerkultur, Nr. 61, Heft 2), Hamburg 1998.

Das Friedhofswesen in der Nordelbischen Kirche, Kiel 1993.

Gretzschel, Matthias: Historische Friedhöfe in Deutschland, Österreich und der Schweiz – Das Reiselexikon, München 1996.

Hahn, Hans-Christoph/Reichel, Hellmut (Hg.): Zinzendorf und die Herrnhuter Brüder – Quellen zur Geschichte der Brüder-Unität von 1722–1760, Hamburg 1977.

Happe, Barbara: Die Entwicklung der deutschen Friedhöfe von der Reformation bis 1870, Tübingen 1991.

Happe, Barbara u.a.: Vom Gottesacker zum Reformfriedhof. Beiträge zur Geschichte der Friedhöfe in Deutschland, Hamburg 1994.

Helmers, Sabine: Tabu und Faszination. Über die Ambivalenz der Einstellung zu den Toten, Berlin–Hamburg 1989.

Imberger, Elke: Jüdische Gemeinden in Schleswig-Holstein (= Geschichte und Kultur Schleswig-Holsteins, Heft 1, Beilage der Zeitschrift der Gesellschaft für Schleswig-Holsteinische Geschichte), Neumünster 1996.

Illi, Martin: Wohin die Toten gehen. Begräbnis und Kirchhof in der vorindustriellen Stadt, Zürich 1992.

Leisner, Barbara/Thormann, Ellen/Schulze, Heiko K. L.: Der Hamburger Hauptfriedhof Ohlsdorf. Geschichte und Grabmäler, bearb. von Andreas von Rauch, 2 Bde., Hamburg 1990.

Liedel, Herbert/Dollhopf, Helmut: Haus des Lebens - Jüdische Friedhöfe, Würzburg 1985.

99

Geographisches Institut
der Universität Kiel

Muus, Hans-Peter: Friedhof und Bestattung im alten schleswig-holsteinischen Kirchenrecht, in: Grenzpfähle, Kiel 1965, S. 86–96.

Ohler, Norbert: Tod und Sterben im Mittelalter, München 1993.

Ohlsdorf – Zeitschrift für Trauerkultur, hrsg. vom Förderkreis Ohlsdorfer Friedhof e.V. Hamburg, Heft 1/1989 ff.

Peiter, Katharina: Der evangelische Friedhof von der Reformation bis zur Romantik, Diss. Berlin (DDR) 1968.

Pinnau, Peter: Gruft, Mausoleum, Grabkapelle: Studien zur Sepulkralarchitektur des 19. und 20. Jahrhunderts mit besonderer Hinsicht auf Adolf von Hildebrand, München 1992.

Schweizer, Johannes: Kirchhof und Friedhof. Eine Darstellung der beiden Haupttypen europäischer Begräbnisstätten, Linz a.d. Donau 1956.

Stüber, Karl: Commendatio animae. Sterben im Mittelalter, Bern–Frankfurt a.M. 1976.

Vom Kirchhof zum Friedhof – Wandlungsprozesse zwischen 1750 und 1850, hg. von der Arbeitsgemeinschaft Friedhof und Denkmal e.V. Kassel (= Kasseler Studien zur Sepulkralkultur, hg. von Kurt Boehlke, Bd. 2), Kassel 1984.

Umgang mit historischen Friedhöfen, hg. von der Arbeitsgemeinschaft Friedhof und Denkmal e.V. Kassel (= Kasseler Studien zur Sepulkralkultur, hg. von Kurt Boehlke, Bd. 3), Kassel 1984.

Wie die Alten den Tod gebildet. Wandlungen der Sepulkralkultur 1750–1850, Ausstellung des Zentralinstituts der Arbeitsgemeinschaft Friedhof und Denkmal e.V. Kassel, Kassel 1981.

Danksagung

Mein besonderer Dank gilt meinem Freund Pastor Thomas Lienau-Becker aus Kiel für Anregungen, Kritik und Korrektur des Manuskriptes, aber auch geduldige Begleitung bei mancher Reise zu den Friedhöfen im Lande. Für wertvolle Hinweise danke ich Herrn Dr. Wolfgang Teuchert, für die Manuskriptdurchsicht Prof. Dr. Dieter Lohmeier. Den Mitarbeitern im Landesamt für Denkmalpflege sei für die gewährte Unterstützung gedankt, besonders Herrn Dr. Dirk Jonkanski, Herrn Dr. Lutz Wilde und Frau Rosemarie Gerdes. Das Landesamt für Denkmalpflege unterstützte den Druck durch die Bereitstellung historischer Fotos. Einige Zitate sind den Werken Barbara Happes und Norbert Fischers entnommen.

Abbildungsnachweis

Friedhelm Schneider: 4, 36, 42, 49; Landesamt für Denkmalpflege Schleswig-Holstein: 6–11, 14, 15, 17, 19, 20, 31, 32, 38, 46; alle übrigen vom Verfasser; Titelbild: H. Schulze. Wenn nichts anderes vermerkt, entstanden die Aufnahmen 1996–1998.